NOTICE BIOGRAPHIQUE

SUR

M. GUSTAVE-ADOLPHE THURET

PAR

M. ÉDOUARD BORNET

PARIS
G. MASSON, ÉDITEUR
LIBRAIRE DE L'ACADÉMIE DE MÉDECINE
PLACE DE L'ÉCOLE-DE-MÉDECINE
1876

NOTICE BIOGRAPHIQUE

SUR

M. GUSTAVE-ADOLPHE THURET

PAR

M. ÉDOUARD BORNET

PARIS
G. MASSON, ÉDITEUR
LIBRAIRE DE L'ACADÉMIE DE MÉDECINE
PLACE DE L'ÉCOLE DE MÉDECINE
1876

NOTICE BIOGRAPHIQUE

SUR

M. GUSTAVE-ADOLPHE THURET

Le 10 mai 1875 mourait à Nice, à l'âge de cinquante-huit ans, un homme de bien, un savant éminent, dont la perte n'est pas seulement déplorée dans un cercle restreint de parents et d'amis, mais qu'ont ressentie également tous ceux qui, dans le monde entier, s'intéressent à la science des végétaux. M. Thuret avait quitté sa résidence d'Antibes quelques heures auparavant, dans un bon état de santé apparente. Saisi, dans l'après-midi, d'un malaise soudain, il s'est éteint brusquement, au moment où les soins qui lui étaient prodigués faisaient espérer que cette subite indisposition avait entièrement disparu.

Lié avec M. Gustave Thuret de la plus étroite amitié, compagnon inséparable de sa vie pendant vingt-trois années, ayant reçu de sa confiance la mission de publier et de continuer ses recherches, j'ai le devoir de tracer une esquisse de la vie et des travaux d'un maître dont l'existence a été si bien remplie. Heureux si la notice suivante rappelait aux siens et à ses amis les principaux traits de celui qu'ils ont perdu, et faisait naître chez ceux dont il n'est connu que par ses œuvres quelque chose des sentiments d'affection et de respect que son caractère inspirait à tous ceux qui étaient en rapport avec lui.

I

M. Gustave-Adolphe Thuret appartient à une famille protestante française, qui se réfugia en Hollande lors de la révocation de l'édit de Nantes. Dans cette nouvelle patrie, la prononciation primitive du nom de famille éprouva une légère modification. Le *t* final se fit sentir comme si le mot eût été écrit Thurett, et c'est ainsi qu'il se prononce encore.

Gustave Thuret naquit à Paris le 23 mai 1817, jour anniversaire de la naissance de Linné. Il était le troisième fils d'Isaac Thuret, consul général des Pays-Bas en France. Des cinq enfants qu'eut son père, il fut le seul dont les goûts se portèrent vers les sciences naturelles. Sa mère, Mme Jacoba Henrietta van der Paedevoort, créole hollandaise élevée en Angleterre, est restée, dans le souvenir de ceux qui la connurent, comme un type achevé de bonté, de grâce et de distinction. Mme Thuret inspira une vive affection à ses enfants, et exerça sur eux une influence profonde et durable. Bien des années après qu'ils eurent perdu leur mère, la vivacité de leurs sentiments pour elle ne s'était point affaiblie; ils aimaient à rappeler ses goûts, ses opinions, ses jugements, et s'en faisaient une sorte de règle pour motiver et diriger les leurs. C'est sous la surveillance immédiate de sa mère, dans la maison paternelle, que le jeune Gustave reçut son éducation première et fit ses études classiques. Celles-ci furent dirigées par M. Froment, qui, après avoir été un précepteur aussi habile que dévoué, est resté l'ami de l'élève confié à ses soins.

Les parents de M. Gustave Thuret habitaient tantôt Paris, tantôt la campagne, à Rentilly, près de Lagny (Seine-et-Marne). Leur maison, une des premières où se réintroduisirent l'élégance et le confort, qui avaient presque entièrement disparu de la France pendant la Révolution, fut longtemps fréquentée par une foule d'hommes distingués dans l'administration, la politique et les arts. M. G. Thuret grandit dans ce milieu, et il en conserva un vif souvenir. La fréquentation de ces esprits d'élite eut une utile action sur sa jeune intelligence. Il acquit alors l'habitude d'apprécier les hommes et les choses en se plaçant toujours à un point de vue élevé, dégagé d'étroitesse et de parti pris.

Reçu bachelier ès lettres en 1835, il suivit ensuite les cours de l'École de droit, et obtint, en 1838, le diplôme de licencié. Pendant la durée de ses études il fit, avec sa famille, diverses excursions en Suisse, en Italie, en Allemagne, en Hollande, et voyagea seul pendant quatre mois, de juillet à novembre 1835, dans les îles Britanniques, dont il visita tous les comtés. M. Thuret parlait alors l'anglais avec une grande facilité. C'était la langue qu'il avait apprise la première, et dont il se servait avec sa mère. Il était déjà assez grand quand le français lui fut enseigné et devint sa langue usuelle. Plus tard il étudia l'allemand; mais, quoiqu'il le lût aisément, il n'était en état ni de le parler, ni de l'écrire.

Les classiques et le droit n'absorbèrent pas tellement son temps qu'il ne lui en restât assez pour s'occuper de musique avec ardeur. Pendant plusieurs années il en fit une étude sérieuse sous la direction de Zimmermann.

La musique le conduisit à l'histoire naturelle. Il s'était lié à Paris avec un jeune homme de son âge, mélomane comme lui, M. Alexandre de Villers. Pendant l'hiver, les deux amis allaient ensemble au Conservatoire, à l'Opéra italien, et jouaient à quatre mains les symphonies de Beethoven et les compositions de Schubert. L'été venu, on se séparait, mais non sans que M. de Villers fût invité à venir passer quelques jours à la campagne. En 1837, M. de Villers, qui s'intéressait à la botanique, eut l'idée d'aller à Rentilly en herborisant. Il fit la route à pied, ramassant en chemin les plantes qu'il n'avait point encore récoltées. La boîte verte et l'accoutrement du botaniste excitèrent le rire et la curiosité de M. Thuret, qui voulut savoir à quoi s'amusait son ami. Celui-ci vida sa boîte, et, tirant de sa poche la *Flore parisienne* de Bautier, se mit à analyser les fleurs d'une plante grimpante qu'il venait de prendre sur des buissons poudreux près de Torcy. De question en question il arriva au nom de *Bryonia*. Ce fut là le point de départ. M. Thuret voulut aussi déterminer des plantes. On alla chaque jour cueillir tout ce qui était en fleur, soit dans le parc de Rentilly, soit dans la forêt d'Armainvilliers, et bientôt M. Thuret fut aussi habile que son maître.

L'année suivante, M. de Villers fit plusieurs séjours à Rentilly, et l'on reprit les herborisations. La *Flore française* de De

Candolle était venue s'ajouter à la Flore de Bautier. Mais, malgré ce supplément de ressources, et en dépit des longues discussions que soulevait chaque question un peu difficile, on n'arrivait pas toujours à une détermination satisfaisante. Alors M. de Villers soumettait les échantillons douteux à M. Decaisne, qu'il avait connu aux herborisations de M. de Jussieu. Parfois on avait la satisfaction d'avoir trouvé juste, mais plus souvent encore on avait fait fausse route, faute d'une connaissance suffisante de l'organographie et de la terminologie végétales. Voulant obtenir des résultats plus complets et plus réguliers, M. Thuret, revenu à Paris à l'entrée de l'hiver, pria M. Decaisne de lui donner des leçons de botanique. Le disciple était digne du maître ; au bout de quelques mois il fut en état de travailler seul. M. Decaisne s'occupait alors de ses recherches sur la classification des Algues, et il en entretenait son élève. Justement convaincu que la connaissance approfondie de la fructification pouvait seule fournir les bases d'une classification de ces plantes, il lui montrait combien les données que l'on possédait alors étaient insuffisantes, combien il restait de lacunes à combler, de questions à résoudre. La semence tombait sur un terrain qui devait rendre au centuple ce qui lui était confié. Les progrès de M. Thuret furent rapides ; bientôt il eut la réputation d'homme sérieux et de travailleur, et se vit accueilli avec empressement par M. A. de Jussieu, M. Ad. Brongniart, le docteur Léveillé, qui l'encourageaient et le poussaient vers l'étude approfondie de la botanique. Des lettres de cette époque montrent combien était grand l'intérêt excité par ce jeune homme que sa position semblait destiner à une vie mondaine, peut-être désœuvrée et inutile ; on lui savait gré de ses goûts laborieux, on s'entretenait de son avenir, et l'on se disait parfois que si le temps des Réaumur, des Duhamel, des Lavoisier était passé, il ne l'était peut-être pas sans retour.

Après avoir suivi en 1839 les herborisations dirigées par M. A. de Jussieu, M. Thuret fit un premier voyage à Constantinople, pendant l'hiver de 1839 à 1840. Il accompagnait l'ambassadeur de France, M. de Pontois, ami particulier de sa famille, qui avait pour lui une très-vive affection. La saison n'était pas favorable à la récolte des plantes; néanmoins la botanique ne fut pas tout à fait négligée, et M. Thuret rapporta de son voyage quelques Algues du Bosphore.

L'année 1840, qu'il passa à Lyon avec sa famille, fut très-activement employée. Il herborisa avec MM. Jordan, Seringe et Timeroy; fit de la géologie avec M. Fournet, de la peinture avec Saint-Jean, et inaugura la série de ses recherches microscopiques par la découverte des organes locomoteurs des anthérozoïdes des *Chara*.

Le mémoire où ce fait est annoncé n'a que quelques pages; le fait en lui-même n'a pas une très-grande importance et n'a plus maintenant l'attrait de la nouveauté; mais, comme cette observation a ouvert le chemin et marqué la direction que M. Thuret devait suivre dans ses recherches ultérieures, j'indiquerai brièvement l'état de la question au moment où il s'en est occupé.

D'admirables travaux exécutés par Hedwig à la fin du siècle dernier avaient définitivement établi que les Mousses, les Hépatiques et les *Chara* possèdent, de même que les végétaux supérieurs, deux sortes d'organes servant à la fructification : les uns qui se changent en fruits; les autres (anthères, anthéridies) qui n'ont qu'une courte durée, se flétrissent au bout de quelque temps et disparaissent sans s'accroître. De ces derniers organes Hedwig avait vu sortir un suc visqueux qui diffluait peu à peu dans l'eau où il s'était épanché. Moins heureux que son précurseur Schmidel, il n'avait point observé que le contenu de l'anthère, quand on l'examine dans de bonnes conditions de maturité, se disperse activement, comme le ferait une nuée d'Infusoires. L'eût-il aperçu, du reste, l'insuffisance des instruments d'optique de son époque ne lui aurait pas permis d'en déterminer la cause. Ce motif fit que Nees d'Esenbeck, et après lui Bischoff, ne réussirent pas, un quart de siècle plus tard, à distinguer exactement la forme des innombrables corpuscules qu'ils voyaient fourmiller dans le liquide sorti des anthères des *Sphagnum* et des *Chara*. Ce fut seulement vers le temps où

Bischoff écrivait, c'est-à-dire aux environs de 1830, que les microscopes commencèrent à acquérir une puissance et des qualités suffisantes pour que l'on pût aborder et élucider une foule de détails que les naturalistes n'avaient fait qu'entrevoir jusqu'alors. Parmi les conquêtes qui signalèrent ce perfectionnement, la connaissance du fait curieux qu'il existe chez certaines plantes des êtres ayant la plus grande analogie avec les animalcules spermatiques des animaux, n'est pas assurément une des moins remarquables. La découverte fut faite en 1834 par F. Unger, en Allemagne, et par C. Varley, en Angleterre. Le premier vit sortir de l'anthère mûre d'un *Sphagnum* des corpuscules mobiles, roulés en spire lâche, qui nageaient dans l'eau avec vivacité. De son côté, Varley constata que les animalcules du *Chara* sont formés d'une spire rigide, dont l'extrémité antérieure semble fouetter le liquide ambiant, et qu'à beaucoup d'entre eux est fixé un long filament presque invisible, qui se montre agité d'un mouvement ondulatoire rapide. Peu de chose restait à faire pour que l'on connût d'une manière définitive la structure de ces petits corps ; mais le dernier pas ne fut franchi ni par Unger, ni par Meyen, qui publièrent tous deux des recherches sur ce sujet en 1838, et qui ne réussirent même pas à faire aussi nettement que l'observateur anglais la distinction du corps et de l'appendice flagelliforme. Vint alors M. Thuret, qui donna, pour les *Chara*, une description exacte de ces animalcules. Il reconnut qu'ils sont composés d'un corps filiforme roulé en tire-bouchon, formant de trois à cinq tours de spire, et qu'un peu en arrière de l'extrémité antérieure de la spire partent deux soies d'une ténuité excessive que l'animalcule agite sans cesse avec une grande rapidité. Ce fut lui encore qui, trois ans plus tard, enseigna que les anthérozoïdes des Mousses et des Hépatiques présentent le même type que ceux des *Chara*, et sont également pourvus de deux cils locomoteurs.

Au mois d'octobre 1840, il retourna à Constantinople, en qualité d'attaché à l'ambassade de France. Pendant ses loisirs il visita les environs de Constantinople, Brousse, le mont Olympe, etc., et fit une collection de plantes, parmi lesquelles

M. Boissier reconnut quelques espèces nouvelles. Deux de ces nouveautés, le *Fumaria Thureti* et un *Iris* voisin du *graminea*, furent dédiées à celui qui les avait découvertes.

Ayant obtenu un congé à l'expiration de sa première année de séjour à Constantinople, il partit le 15 octobre 1841, avec son collègue et ami, le comte Aymard de Beauvoir, afin de visiter la Syrie et l'Égypte. L'excursion en Syrie n'était pas alors aussi facile qu'elle l'est à présent. Malgré des difficultés assez sérieuses qui n'étaient point faites pour arrêter des jeunes gens de vingt-quatre ans, on réussit à parcourir à souhait cette terre si riche en souvenirs. Jusque dans ses dernières années, M. Thuret aimait à raconter les impressions et les incidents d'un voyage qu'il ne fit pourtant pas jusqu'au bout dans de bonnes conditions de santé. L'insécurité d'un passage à franchir avait contraint les voyageurs à se séparer de leur bagage et de leur tente. Quelques nuits passées en plein air lui donnèrent une fièvre intermittente tenace, dont il ne fut délivré qu'après s'être embarqué pour gagner l'Égypte. A Thèbes, il tomba de nouveau gravement malade. Ses compagnons de voyage le ramenaient au Caire dans un état qui faisait craindre pour sa vie, lorsqu'ils rencontrèrent un médecin anglais, dont l'intervention opportune réussit à écarter tout danger. Mais M. Thuret était bien faible pour aller immédiatement reprendre son poste à l'ambassade, et, comme on pouvait déjà prévoir que M. de Pontois, à qui les graves événements qui venaient de se passer en Orient avaient fait une situation difficile, ne tarderait pas à être rappelé, il se décida à revenir en France.

Il eut alors le désir d'entrer au Conseil d'État, et fit quelques tentatives pour être nommé auditeur. Ses démarches demeurèrent heureusement sans succès. Nul doute qu'il n'eût porté au Conseil d'État ses qualités natives d'intelligence, de justesse d'esprit et de persévérance au travail; mais il n'est pas également certain qu'il eût fourni une carrière aussi féconde en résultats que celle qu'il a parcourue dans la science. Nous pouvons mesurer, par ce qu'il a fait, combien il serait regrettable qu'il eût suivi une autre voie.

Fixé désormais dans la maison paternelle pour un temps indéterminé, il installa à Rentilly un laboratoire pour les observations microscopiques, et choisit pour principal objet de ses études les Champignons et les Algues.

On savait depuis longtemps qu'il existe chez certaines Algues des spores douées de mouvement spontané, et que ces zoospores, ainsi qu'on les a nommées depuis, après s'être échappées de la cellule où elles ont pris naissance, vaguent un certain temps dans l'eau, se fixent, germent, et donnent une nouvelle plante semblable à celle qui les a produites. On savait en outre que les zoospores ont une forme ovoïde ou turbinée, et que l'extrémité amincie, le rostre, dépourvue de matière colorante, est dirigée en avant pendant la course; mais on n'avait pu reconnaître par quel moyen ces spores nagent dans le liquide. La découverte des cils moteurs des anthérozoïdes des *Chara*, que M. Thuret avait faite deux ans auparavant, le conduisit naturellement à chercher si les zoospores n'avaient point des organes locomoteurs de même nature. Un petit ruisseau qui traversait le parc de Rentilly lui fournit des matériaux d'étude, et il eut la satisfaction d'observer, pendant l'hiver de 1842-43, les zoospores de plusieurs espèces de Conferves, et de reconnaître qu'elles sont en effet pourvues de cils moteurs. Il vit que le nombre et la disposition des cils varie dans les différents genres. Tantôt le rostre porte seulement deux ou quatre cils; tantôt il en porte une couronne complète; tantôt enfin la zoospore est entièrement revêtue de cils assez courts, dont la vibration détermine le mouvement en avant, comme cela a lieu pour les *Vaucheria*. Ce n'est pas lui, toutefois, qui signala le premier ces organes dans les *Vaucheria;* il avait été précédé par Unger. Mais on lui doit d'avoir appelé l'attention sur les curieux phénomènes d'écartement et de rapprochement de la chlorophylle, qui préparent la formation de la cloison par laquelle le sporange se sépare du reste du filament. Il fut aussi le premier à faire connaître la propriété que possède le protoplasma des *Vaucheria* de cicatriser ses blessures. « Quand un des filaments a subi des lésions à plusieurs places, on voit la matière verte se cerner peu à peu entre chacun des endroits lésés, et le filament se diviser ainsi en plusieurs petits fragments qui forment autant d'individus distincts. » Le protoplasma dont est formée la zoospore a la même faculté. « Quelquefois la spore se coupe en deux au moment de la sortie, et donne ainsi naissance à deux spores plus petites que les autres et susceptibles de germer comme elles. »

Saisissant immédiatement l'importance que les zoospores devaient avoir pour la distribution systématique des Algues, M. Thuret se fit, pendant plusieurs années, une sorte de spécialité de leur recherche. Il reconnut que « la reproduction des Algues par le moyen de zoospores est un phénomène beaucoup plus général qu'on ne l'avait cru jusqu'alors. Loin d'être borné à un groupe d'Algues inférieures, ce phénomène se retrouve dans un grand nombre d'Algues Olivacées, c'est-à-dire dans des plantes beaucoup plus élevées en organisation, et dont quelques-unes (les Laminariées) ne sont guère moins remarquables par la complication de leur structure que par leurs dimensions gigantesques » (G. Thuret). On ne le rencontre pas, au contraire, dans toutes les Algues inférieures qu'on mettait, avant lui, parmi les Zoosporées, ni dans un assez grand nombre d'Algues marines qu'on rangeait parmi les Olivacées.

Les Nostocs, par exemple, dont M. Thuret décrivit en 1844 le mode de reproduction, n'ont point de zoospores. Ces plantes se composent de filaments en chapelet logés dans une masse mucilagineuse. Les grains du chapelet sont d'un vert bleuâtre. De distance en distance sont intercalés des globules plus volumineux et de teinte plus claire. Lorsque la plante est parvenue à tout son développement, la pellicule extérieure se crève et laisse échapper la gelée verte qui se compose de mucilage et de chapelets. Ceux-ci se répandent dans l'eau d'autant plus facilement, qu'ils sont doués, à cette époque, d'un mouvement de reptation lent, mais bien sensible; puis ils se divisent en nombreux fragments qui deviennent immobiles, grossissent, s'entourent d'une gaîne mucilagineuse transparente, et forment chacun un nouveau Nostoc. Quant aux globules clairs, auxquels on avait attribué les fonctions d'organes reproducteurs, ils se décomposent avec le mucilage. Pendant bien des années, cette observation fut la seule donnée précise que l'on eût sur la manière dont se reproduisent les Algues du groupe nombreux auquel le genre Nostoc appartient.

C'est également en 1844 que MM. Decaisne et Thuret étudièrent les anthérozoïdes et les spores des *Fucus*. Les auteurs précédents avaient trouvé et décrit, dans les conceptacles de ces plantes, deux sortes de corps reproducteurs : de grosses spores brunes, et des organes bien distincts de ces spores, que De la Pylaie avait désignés sous le nom de *microphytes*. Pour les algologues les plus récents et les plus autorisés, ces microphytes constituaient un second mode de reproduction, une double forme de fructification, comme il s'en rencontre dans les Algues du groupe des Floridées. L'examen répété des *Fucus* que l'on apporte sur le marché de Paris avait conduit M. Thuret à penser que les microphytes étaient bien plus vraisemblablement des anthéridies analogues à celles des Mousses et des *Chara*. L'extrême petitesse des corpuscules mobiles qu'il en voyait sortir, la disposition de leurs cils, la simplicité de leur organisation, l'impossibilité où il se trouvait d'en obtenir la germination, lui faisaient grandement douter que ces petits corps fussent des sporidies. Mais, avant d'adopter une opinion si contraire aux idées reçues, il fallait se transporter au bord de la mer pour avoir constamment des échantillons frais à sa disposition. Craignant de trop présumer de ses forces en entreprenant seul l'étude d'un sujet aussi délicat, il pria M. Decaisne, qui avait l'habitude des travaux à la mer, de se joindre à lui dans cette première excursion, et tous deux se rendirent à Arromanche, sur la côte de Normandie. Leur voyage eut pour résultat la connaissance précise des anthérozoïdes des *Fucus serratus*, *vesiculosus*, *nodosus* et *canaliculatus ;* la détermination de la monoïcité et de la dioïcité des *Fucus ;* la constatation du fait, à peine entrevu jusqu'alors, que le contenu sporangial des *Fucus*, d'abord indivis, se partage après sa sortie en deux, quatre ou huit spores ; et enfin, comme conséquence, la répartition de ces quatre espèces en trois genres non moins distincts par les caractères de la fructification que par ceux de la végétation. Les relations amicales qui unissaient M. le docteur J. D. Hooker et M. Thuret commencèrent à cette époque. M. Hooker était du nombre des botanistes auxquels MM. Decaisne et Thuret montrèrent, à Paris, la plupart des faits qui précèdent.

Jusqu'alors on n'avait observé la reproduction par zoospores que dans les Conferves et dans quelques genres voisins. En 1845, dans une rapide excursion que MM. Decaisne et Thuret firent de nouveau sur le littoral de la Manche, ils constatèrent la présence de zoospores dans le *Chorda Filum*. L'analogie des organes de fructification de cette plante avec ceux d'autres Algues marines rendait très-vraisemblable que le même fait se retrouverait dans d'autres espèces. Pour s'en assurer, M. Thuret, accompagné de M. Riocreux, entreprit, l'année suivante, deux excursions au bord de la mer : l'une à Cherbourg, l'autre à Saint-Vaast la Hougue. Dans la première, il trouva les zoospores d'une dizaine d'Algues Olivacées appartenant à des types assez divers; dans la seconde, il constata l'existence d'une double fructification, ou plutôt d'une double forme de sporanges chez les Algues Olivacées qui se reproduisent par zoospores.

Indépendamment de ces observations sur les plantes marines, M. Thuret poursuivait ses recherches sur les Algues d'eau douce et sur les anthéridies des Cryptogames. Le mémoire qui résumait ces divers travaux fut présenté à l'Académie des sciences pour le concours de 1847. Il était accompagné d'un atlas de magnifiques dessins de M. Riocreux, qui reproduisaient les détails les plus délicats des plantes étudiées avec une exactitude et une perfection qu'il ne semble pas possible de surpasser. Trois ans plus tard, sur un rapport favorable de M. de Jussieu, ce mémoire obtint le grand prix des sciences naturelles. Ce concours fut aussi brillant que fécond en résultats. Un excellent travail de MM. Derbès et Solier, sur le même sujet, fut également récompensé par l'Institut. La conformité d'études et la confraternité dans les distinctions académiques établirent entre M. Derbès et M. Thuret des relations tout à fait cordiales, et lorsque M. Thuret se rendit à Marseille pour étudier quelques Algues méditerranéennes, il trouva dans son concurrent le guide le plus empressé à faciliter ses recherches.

En 1849, M. Thuret quitta Rentilly et vint s'établir à Versailles avec sa famille. Les troubles politiques de cette époque, les ennuis inséparables d'un changement de domicile et d'une installation nouvelle, ne lui permirent pas de continuer régulièrement ses expéditions maritimes. Elles furent interrompues jusqu'en 1851. Dans l'intervalle, M. Thuret publia une note sur les anthéridies des Fougères et des *Equisetum*. S'il ne fut pas le premier qui observa les organes locomoteurs des anthérozoïdes des Fougères, c'est à lui du moins qu'on en doit les premières figures exactes; mais il fut le premier à faire connaître les anthéridies et les anthérozoïdes des Prêles. De même que chez les Fougères, les anthéridies des Prêles se développent sur la plante en germination, sur des individus qui comptent à peine quelques semaines d'existence, et leurs organes locomoteurs consistent en un faisceau de poils courts, nombreux, formant une espèce de crête qui émane de la partie antérieure du corps.

Pendant ces quelques années il s'occupa de phanérogamie plus activement qu'autrefois. Comme il était alors tout près de Paris, il suivait fréquemment les herborisations de M. de Jussieu. Il faisait en outre, presque chaque semaine, avec quelques amis, et surtout avec MM. de Boucheman et de Schœnefeld, des courses d'exploration dans les localités qui se trouvent en dehors des lignes ordinaires des herborisations publiques. En hiver, les promenades n'étaient pas suspendues, mais elles changeaient de but; on s'occupait de la récolte des Mousses, des Hépatiques et des Champignons.

Arromanche, Cherbourg, Saint-Vaast la Hougue et Barfleur, que M. Thuret avait visités jusqu'alors, étaient, sans exception, des localités normandes. Lorsqu'il reprit ses excursions maritimes, il résolut d'aller en Bretagne. Il choisit le Croisic et Belle-Ile en mer, où il devait avoir pour compagnon de courses son ami M. J. Lloyd, qui connaissait à fond ces localités. M. Thuret revint enchanté des belles plantes qu'il avait trouvées, et dont il avait préparé des échantillons splendides. Mais le cahier de notes s'était enrichi d'un moins grand nombre d'analyses et de dessins que d'habitude. A Belle-Ile, où le séjour fut le plus long, les localités sont assez éloignées, d'accès malaisé, et l'heure de la basse mer n'est pas très-commode pour le travail. Plus d'une fois, lorsque M. Thuret rentrait au logis à une ou deux heures de l'après-midi par le soleil d'août, après une course de quelques heures dans les falaises et entre les rochers, il n'était guère en état de faire des dissections un peu délicates. Il avait en outre éprouvé la nécessité d'apprendre à mieux connaître les Algues marines au point de vue spécifique, et il s'efforçait de donner une part égale à cette étude et à ses recherches habituelles. Ce n'était pas toutefois un but facile à atteindre dans des excursions temporaires. L'obligation d'occuper sans interruption les heures de M. Riocreux, qui ne pouvait quitter Paris que pour un temps très-limité, le désir de compléter et d'étendre des observations antérieures, ne lui laissaient pas des loisirs suffisants. C'est alors qu'il forma le projet d'un établissement permanent au bord de la mer, où il pourrait toute l'année, aisément et sans précipitation, étudier les Algues à son gré.

Ce projet put être réalisé l'année suivante. M. Thuret quitta Versailles, prit un appartement à Paris, où il laissa le gros de ses livres et de ses collections, et alla se fixer à Cherbourg avec l'herbier et la bibliothèque algologiques. Il était accompagné de M. Ed. Bornet, son aide depuis quelques mois déjà. Tous deux se mirent au travail sans relâche. On ne laissait point passer de marée sans aller trois ou quatre fois à la mer. On ne se contentait pas de ramasser les Algues jetées à la côte; pour les avoir bien fraîches, on entrait dans l'eau et on les cueillait à la main. En hiver, quand le vent souffle avec une violence étourdissante et met en pièces les plantes au moment où on les sort de l'eau, les herborisations à la mer ne sont pas toujours pleines de charmes. Quelquefois les mains et les jambes étaient douloureusement roidies par le froid, mais on avait le plaisir de trouver des espèces qu'on ne connaissait pas encore, et de constater que quelques-unes de celles qui passaient pour rares l'étaient simplement parce qu'on les cherchait hors de saison. Au retour, les Algues étaient déposées dans de grands vases remplis d'eau de mer. M. Thuret examinait un à un tous les échantillons, vérifiait leur état, leur fructification; mettait à part ceux qui devaient être préparés, choisissait les fragments qu'il voulait conserver dans l'alcool et disposait ses expériences. Ainsi passaient sous ses yeux un nombre considérable d'échantillons de chaque espèce, et il avait une telle habitude de voir les Algues au microscope, qu'il en reconnaissait les moindres fragments avec une sûreté merveilleuse.

Peu de mois après son arrivée à Cherbourg, M. Thuret donnait la première démonstration directe de la sexualité des Cryptogames. Sans doute l'hypothèse d'une fécondation dans ces plantes ne manquait pas de vraisemblance. La présence des anthérozoïdes dans les diverses familles de ce groupe de végétaux, la coïncidence de leur apparition avec le développement de l'organe femelle en fruit; le fait signalé par Hedwig et souvent vérifié après lui, que dans les Mousses dioïques, c'est-à-dire où les deux organes sont portés sur des individus séparés, le fruit ne se développe que lorsque les individus munis d'anthéridies croissent dans le voisinage des individus femelles, n'étaient point des arguments sans valeur à l'appui de cette manière de voir. Mais l'observation directe et immédiate pouvait seule en donner la démonstration incontestable. Le dioïcité de certaines espèces de *Fucus*, la facilité qui en résulte de se procurer des anthérozoïdes et des spores dans un état de pureté absolue, fournissaient les éléments d'une expérience tout à fait propre à établir, dans le cas où elle s'exercerait sur la spore, la réalité de l'action fécondante des anthérozoïdes. Cette expérience se présentait dégagée de toute complication qui pût en obscurcir le résultat, car deux cellules seulement se trouvaient en présénce : la cellule mâle et la cellule femelle. Elle pouvait en outre être répétée aussi souvent qu'on le voulait, sur des milliers de spores, aussi bien que sur quelques-unes. Aussitôt que les *Fucus* furent dans l'état favorable, M. Thuret ne manqua pas de faire cette expérience. Elle réussit à souhait. Les spores et les anthérozoïdes conservés à part se décomposaient sans germer; les réunissait-on dans un même vase, ou mieux dans une même goutte d'eau sous le microscope, on voyait les anthérozoïdes s'attacher aux spores, et la germination commençait bientôt après. Le résultat était constant et invariable.

M. Thuret revint sur ce sujet en 1855 et en 1857, afin de donner des figures et en ajoutant de nouveaux détails. Il montra notamment que l'action des anthérozoïdes est presque instantanée. Six à huit minutes après le contact, les spores sont déjà entourées d'une membrane qui, au bout d'une heure, se colore en bleu par les réactifs de la cellulose.

Lorsque, dans les expériences précédentes, on mélangeait des spores et des anthérozoïdes appartenant à deux espèces différentes de *Fucus*, la fécondation n'avait pas lieu, sauf pourtant dans le cas où les spores du *Fucus vesiculosus* recevaient les anthérozoïdes du *F. serratus*. On obtenait alors constamment un certain nombre de germinations. C'était là encore la première preuve directe que l'on eût de l'existence d'une fécondation hybride chez les Cryptogames.

Fort des résultats qu'il avait obtenus chez les *Fucus*, encouragé par les découvertes que MM. Pringsheim, Cohn et de Bary avaient faites dans les Algues inférieures, plus favorables parfois que les *Fucus* pour l'étude des relations précises qui s'établissent entre les anthérozoïdes et la cellule fécondée, M. Thuret se mit à chercher les anthérozoïdes dans les groupes d'Algues où on ne les connaissait pas encore, et s'efforça de déterminer le mode d'action des corps fécondants dans les groupes où ces organes étaient connus. Il trouva des anthérozoïdes semblables à ceux des *Fucus* dans deux genres de Phéosporées : le *Cutleria* et le *Tilopteris*. Un voyage à Marseille lui fournit l'occasion d'étudier les anthéridies des *Dictyota;* enfin, il augmenta beaucoup le nombre des espèces et des genres de Floridées dont les anthéridies furent connues. Mais, dans toutes ces plantes, la méthode qui avait si bien réussi chez les *Fucus* ne jeta aucun jour sur la manière dont s'opère la fécondation; les spores germent également, qu'elles aient ou non le contact des corpuscules mâles. Dans un mémoire spécial publié en 1865, M. Thuret exposa tout ce qu'il savait alors de précis sur cette question. A l'exception des Floridées, dont l'histoire est maintenant connue, l'état de nos connaissances n'a pas beaucoup progressé depuis cette époque. M. Thuret a bien, il est vrai, observé les anthérozoïdes de deux espèces d'*Ectocarpus*, ce qui porte à trois le nombre des genres de Phéosporées où l'on a constaté l'existence de ces organes, mais on ne sait pas encore où et quand s'exerce leur action. On n'est pas plus avancé pour les *Dictyota*.

La santé de M. Thuret avait commencé à s'altérer un an à peine après son arrivée à Cherbourg. L'asthme et les douleurs rhumatismales dont il souffrait, acquirent peu à peu une telle intensité, qu'il fut contraint d'aller passer dans le midi l'hiver de 1856. Il demeura à Cannes de novembre à mai. Comme il s'était trouvé notablement soulagé, il profita de son séjour en Provence pour visiter le littoral et chercher une localité où il pourrait se fixer définitivement dans le cas où sa santé l'exigerait. Admirablement située entre le golfe Jouan et le golfe de Nice, ayant une vue splendide sur la chaîne de montagnes qui sépare la France du Piémont, entourée d'une côte rocheuse assez riche en Algues, la presqu'île d'Antibes lui parut répondre à toutes les exigences. Il en visita les divers points, et, parmi beaucoup d'endroits presque également beaux, aucun ne lui plut davantage que celui qui devint sa résidence une année plus tard. A cette époque, cette partie de la côte était loin d'être peuplée comme elle l'est à présent. Le cap d'Antibes ne renfermait que des habitations rurales et quelques maisons de campagne desservies par un chemin à peine accessible aux voitures. Cette solitude était un attrait de plus. M. Thuret est le premier étranger qui se soit établi au cap d'Antibes, et pendant longtemps il n'eut point d'imitateur.

Très-peu de temps avant son départ pour le Midi, M. Thuret eut l'occasion de faire la première observation connue de la germination des spores des Nostochinées. Ayant repris cette question quand il fut rentré à Cherbourg, il eut le plaisir de vérifier le fait dans deux espèces de *Cylindrospermum*, et constata que les spores desséchées depuis plusieurs années germent aussi bien, sinon mieux, que les spores fraîches, pourvu qu'elles soient parfaitement mûres. Il avait ainsi, à treize ans d'intervalle, découvert les deux modes de reproduction propres aux Nostochinées.

Ce fut le dernier travail qu'il fit à Cherbourg. L'altération croissante de sa santé ne lui permettant plus de rester en Normandie, il fit l'acquisition de sa propriété d'Antibes et s'y rendit à la fin de 1857. La propriété se composait de deux champs, cultivés en Blé et en Vignes, qu'entourait une bordure d'Oliviers. Dans le plus grand se trouvait une maison d'exploitation et une très-petite villa, où l'on empila les livres et l'herbier. Tout était à faire, et l'on s'y employa avec activité. Le tracé du jardin, l'un des mieux réussis qu'on puisse voir dans cette partie de la France, est presque entièrement l'œuvre de M. Thuret.

Pendant qu'on exécutait les travaux préparatoires, M. Thuret visitait les jardins des environs. Çà et là, et surtout à Nice, où nous étions dirigés par M. l'abbé Montolivo, le très-obligeant bibliothécaire de la ville de Nice, botaniste et amateur zélé d'horticulture, se trouvaient de beaux exemplaires de plantes exotiques intéressantes. Quelques amateurs commençaient à introduire des nouveautés, à faire des essais d'acclimatation, suivant l'expression consacrée; mais ces essais étaient encore trop récents et trop peu étendus pour qu'on pût en tirer des indications bien utiles. Les pépinières locales étaient peu nombreuses, très-pauvres, et ne fournissaient pas les éléments d'une plantation un peu étendue en végétaux variés. Force fut donc de recourir aux semis. Dès que le sol fut préparé, on le sema en Chênes verts, en Pins d'Alep et en Pins parasols. Les végétaux plus délicats qu'on avait pu se procurer, ceux qu'on élevait sur place de graines reçues du Jardin des plantes de Paris, du Jardin du Hamma, près d'Alger, et de divers marchands, étaient placés dans les intervalles. Pendant trois ans le résultat fut déplorable et bien fait pour décourager des horticulteurs novices. Sur ce sol découvert les plantes, même robustes, gelaient l'hiver, séchaient l'été, et étaient battues du vent en toute saison. Le terrain, en pente rapide, était raviné par les pluies. Un système de rigoles et de coupures horizontales remédia vite à ce dernier inconvénient; les premiers disparurent de même aussitôt que les Pins et les Chênes furent assez élevés pour fournir un peu d'abri. Dès lors la végétation marcha avec une grande rapidité. Bientôt les *Acacia* australiens, les *Eucalyptus*, les *Pittosporum*, les Lauriers, les *Photinia*, etc., eurent pris un tel développement, qu'il semblait à peine croyable qu'en un temps aussi court la transformation d'un sol dénudé en un jardin touffu pût être aussi complète.

Au début, l'expérience nous manquait, et nous n'étions pas suffisamment guidés par les renseignements contenus dans les livres courants, généralement écrits pour des conditions climatériques trop différentes de celles de la Provence. Les espèces de culture facile dans les pépinières et dans les serres ne sont pas toujours celles qui réussissent le mieux en pleine terre. Une autre difficulté était à vaincre. Les plantes dites d'orangerie, dont le succès était le plus assuré, n'étaient plus en vogue au moment où M. Thuret entreprit son jardin. On ne trouvait plus chez les marchands ces collections d'espèces d'Australie, du cap de Bonne-Espérance et des Canaries, qui avaient été introduites à la fin du siècle dernier, et qui sont figurées en si grand nombre dans les premiers volumes du *Botanical Magazine*, dans les ouvrages de Sweet, de Bonpland et de Ventenat. On imagine difficilement combien il fallut de temps et de peine pour rassembler, loin des grands centres horticoles, en les glanant pour ainsi dire un à un dans les catalogues, les trois mille végétaux ligneux, toujours verts et fleurissant entre septembre et juin, qu'a renfermés le jardin de M. Thuret.

Du reste, ce chiffre est loin de représenter le nombre des espèces essayées. On excluait, bien entendu, les plantes des contrées très-chaudes et très-froides, celles des pays humides, et l'on choisissait autant que possible celles qui sont originaires de régions sèches et tempérées. Cependant le nombre des échecs était presque aussi grand que celui des succès.

C'est par l'intermédiaire des jardins botaniques que M. Thuret se procura les plantes qu'il ne trouvait pas dans le commerce. Sous ce rapport, l'aide la plus large lui vint du Jardin des plantes de Paris. M. Decaisne, son maître en horticulture comme il l'avait été en botanique, lui accordait le plus précieux concours. Il partageait avec lui les graines et les plantes dont il pouvait disposer, recevant en retour, pour le jardin qu'il dirige, les plantes, graines et échantillons qui pouvaient être utiles au Muséum.

Outre les végétaux ligneux qui composaient le fonds du jardin, M. Thuret avait rassemblé dans ses cultures des collections assez étendues de *Mesembrianthemum*, de *Stapelia*, d'*Iris*, de Narcisses, de *Scilla*. Il possédait aussi une assez nombreuse série d'*Aloe* et d'*Agave*, dont il composait, en les entremêlant de diverses plantes grasses, des massifs du plus étrange aspect. Botaniste en même temps qu'horticulteur, il tenait à ce que ses plantes fussent bien nommées. Il cultivait les plantes indigènes, dont l'étude est difficile ou n'est possible que sur le vivant, et faisait des expériences propres à l'éclairer sur divers points douteux de botanique ou d'horticulture. Il s'assura notamment que plusieurs variétés d'Orangers : la Mandarine, le Chinois et diverses sortes d'oranges douces, se reproduisent fidèlement par le semis; que plusieurs des formes végétales désignées sous le nom d'espèces jordaniennes se maintiennent pures pendant plusieurs générations, mais aussi que de simples variétés de couleur, nées accidentellement dans un semis, se comportent de la même manière.

Les registres des semis et des plantations étaient soigneusement tenus par M. Thuret. Grâce à l'exactitude avec laquelle il dressait l'état civil, si je puis dire ainsi, de chacun des individus du jardin, nous avions fréquemment l'occasion de constater la production d'hybrides spontanés entre les espèces de divers genres. Les *Pittosporum*, *Polygala*, *Callistemon*, *Passiflora*, *Acacia*, *Stapelia*, *Armeria*, *Statice*, Narcisses, *Aloe*, *Scilla*, fournissaient tous les ans des exemples de ces unions illégitimes.

Le sous-bois des massifs d'arbres était formé de buissons de Cistes. Ces Cistes, au nombre de plusieurs milliers, provenaient de fécondations artificielles. Toutes les formes représentées dans les *Cistinées* de Sweet, les *Cistus corbariensis*, *cyprius*, *longifolius*, *purpureus*, etc., ont été reproduites ainsi. Dans un carré spécial étaient groupés les spécimens plus particulièrement destinés à l'étude.

A l'exception des travaux manuels, M. Thuret et son aide s'occupaient de tous les détails du jardin. La lecture des catalogues, les semis, les étiquettes, la récolte et l'épluchage des graines, la vérification des collections, l'inventaire annuel des plantes existantes, le choix des places, la surveillance des plantations, le tracé des allées, se faisaient par eux ou sous leurs yeux. Heureux quand un hiver exceptionnellement rude ou un été trop sec ne faisaient pas perdre en quelques jours le fruit de tant de travail et de fatigue !

Le jardin renferme de beaux exemplaires d'*Eucalyptus*, d'*Acacia*, de *Banksia*, *Hakea*, *Grevillea*, *Yucca*, *Jubæa*, *Chamærops*, et de diverses Conifères, parmi lesquelles l'*Araucaria Bidwillii*, le *Pinus canariensis* et le *Cupressus macrocarpa* sont déjà d'une force remarquable. Peut-être voit-on ailleurs de plus grands individus de ces plantes, mais ce qui ne se rencontre probablement dans aucun autre lieu, c'est la profusion d'Anémones qui émaillent les pelouses au printemps. On ne saurait se représenter, sans l'avoir vu, la richesse et la gaieté de ces tapis où sont mêlées toutes les nuances comprises entre le violet foncé, le rouge pourpre, l'orange et le blanc. Pour entretenir cette abondante floraison, on faisait chaque année de grands semis de l'*Anemone coronaria*, et surtout de l'*hortensis*, qui est beaucoup moins robuste. Les jeunes plantes, mises en pleine terre la seconde année, étaient assez fortes l'année suivante pour être transportées à leur place définitive.

La beauté et l'intérêt du jardin, la difficulté avec laquelle on en obtenait l'entrée, lui avaient acquis une réputation très-étendue. M. Thuret, qui fuyait les simples promeneurs, faisait les honneurs de sa propriété avec une bonne grâce et une affabilité parfaites aux amateurs ses confrères, aux jardiniers, et à toute personne qui s'intéressait aux plantes. Parmi les botanistes qu'il a eu le plaisir de recevoir et de promener dans son jardin, je citerai, indépendamment de MM. Decaisne, D. Hanbury, Naudin et Planchon, qui lui ont fait l'amitié de demeurer dans sa maison; MM. Bentham, Boissier, A. de Candolle, Duchartre, Engelmann, Asa Gray, J. D. Hooker, Martins, Masters, Weddell, etc., qui n'ont pu s'arrêter chez lui qu'en passant.

Je ne quitterai point le jardin sans rappeler les expériences sur la conservation des graines dans l'eau de mer, que M. Thuret a faites sur la demande de M. Alph. de Candolle. Il a vu que certaines graines, placées dans des flacons d'eau de mer, sont encore capables de germer après trois années d'immersion; observation intéressante et importante, car elle rend possible d'admettre que, dans certains cas, les graines peuvent être transportées à d'immenses distances par les courants marins sans perdre leur faculté de germer.

La maison fut terminée en 1861. Elle se compose de deux ailes un peu inégales réunies par un corps de logis central. C'est un cottage à volets verts, à toits saillants couverts de tuiles rouges, entouré d'une épaisse garniture de Rosiers, de Clématites, de Passiflores, de Bignones, de *Bougainvillea*. Le rez-de-chaussée de l'aile principale était entièrement occupé par une galerie contenant les herbiers, des livres et des tables de travail. Des casiers chargés de plantes et de livres, des portraits d'amis botanistes, des échantillons de plantes marines, un curieux autographe de Napoléon Bonaparte remerciant l'Académie des sciences de l'avoir nommé parmi ses membres, en formaient l'ameublement et la décoration. C'était le lieu de travail en commun, le lieu de réunion de la maison; un peu sévère et étrange peut-être pour qui n'y entrait qu'en passant, mais plein de charme, de doux et fortifiants souvenirs pour ceux qui ont vécu dans ce milieu sérieux et calme, et de la vie morale et intellectuelle que M. Thuret répandait autour de lui. Dans le corps de logis central, qui est en retraite sur les ailes, se trouvait, du côté du nord, une autre partie de la bibliothèque et la table du microscope.

De l'habitation on jouit d'un des plus beaux spectacles qui se puissent rencontrer. Au nord-est le terrain descend en pente rapide vers le golfe de Nice. Par-dessus les pelouses et les massifs du jardin qu'aucune clôture apparente ne sépare des champs voisins, et que dominent les hautes cimes des *Eucalyptus*, l'œil découvre le Fort-Carré et la ville d'Antibes, dont la silhouette pittoresque se découpe sur les flots bleus de la baie des Anges. Une forêt d'Oliviers et de Pins relie le rivage aux contre-forts des Alpes; au-dessus brille la longue ligne neigeuse des Alpes-Maritimes. Un site des lacs de Suisse, avec la végétation, la lumière et la couleur du Midi.

On lira sans doute avec intérêt la page suivante, où se trouve si bien peinte l'impression qu'une promenade dans le jardin de M. Thuret a produite sur un visiteur illustre, un des auteurs préférés de M. Thuret, l'un des rares écrivains français que l'on sent être véritablement touchés des choses de la nature et qui jouissent réellement de ses beautés.

« Je fus frappé de cette sorte de stupeur où la grandeur des choses extérieures nous jette, en parcourant un jardin admirablement situé et admirablement composé, à la pointe d'Antibes. C'est, sous ces deux rapports, le plus beau jardin que j'aie vu de ma vie. Placé sur une longue langue de terre entre deux golfes, il offre un groupement onduleux d'arbres de toutes formes et de toutes nuances qui se sont assez élevés pour cacher les premiers plans du paysage environnant. Tous les noms de ces arbres exotiques, étranges ou superbes, car le créateur de cette oasis est un horticulteur savant et passionné, je te les cacherai, pour une foule de raisons : la première est que je ne les sais pas... Je ne me risquerai pas à te nommer une seule des merveilles végétales de l'Australie et autres lieux fantastiques que M. Thuret a su faire prospérer dans son enclos; mais, ce dont je peux te donner l'idée, c'est du spectacle que présente le vaste bocage où toutes les couleurs et toutes les formes de la végétation encadrent, comme en un frais vallon, des pelouses étoilées de corolles radieuses et encadrées de buissons chargés de merveilleuses fleurs. La villa est petite et charmante sous sa tapisserie de Bignones et de Jasmins de toutes nuances et de tous pays; mais c'est du pied de cette villa, au sommet de la pelouse qui marque le renflement du petit promontoire, et qui, par je ne sais quel prodige de culture, est verte et touffue, que l'on est ravi par la soudaine apparition de la mer bleue et des grandes Alpes blanches émergeant tout à coup au-dessus de la cime des arbres. On est dans un Éden qui semble nager au sein de l'immensité. Rien, absolument rien entre cette immensité sublime et les feuillages qui vous ferment l'horizon de la côte, cachant ses pentes arides, ses constructions tristes, ses mille détails prosaïques; rien entre les gazons, les fleurs, les branches formant un petit paysage exquis, frais, embaumé, et la nappe d'azur de la mer servant de fond transparent à toute cette verdure, et puis au-dessus de la mer, sans que le dessin de la côte éloignée puisse être saisi, ces fantastiques palais de neiges éternelles qui découpent leurs sommets éclatants dans le bleu pur du ciel. Je ne chercherai pas de mots excentriques et peu usités pour te représenter cette magie. Les mots qui frappent l'esprit obscurcissent les images que l'on veut présenter réellement à la vision de l'esprit. Figure-toi donc que tu es dans un charmant vallon arrondi au fond comme une corbeille, et que tu vois surgir de l'horizon boisé la Méditerranée servant de base à la chaîne des Alpes. Impossible de te préoccuper de la distance considérable qui sépare ton premier horizon du dernier. Il semble que ce puissant lointain t'appartienne, et que toute cette formidable perspective se confonde sans transition avec l'étroit espace que tes pas vont franchir, car tu es tenté de t'élancer à la limite de ton vallon pour mieux voir. Ne le fais pas, ce serait beau encore, mais d'un beau réaliste, tu perdrais le ravissement de cet aspect composé de trois choses immaculées : la végétation, la mer, les glaciers. Le sol, cette chose dure qui porte tant de choses tristes, est noyé ici pour les yeux sous le revêtement splendide des choses les plus pures. On peut se persuader qu'on est entré dans le paradis des poëtes..... Pas une plante qui souffre, pas un arbre mutilé, pas une fortification, pas une enceinte, pas une cabane, pas une barque, aucun souvenir de l'effort humain, de l'humaine misère ni de l'humaine défiance. Les arbres de tous les climats semblent s'être donné rendez-vous d'eux-mêmes sur ce tertre privilégié pour l'enfermer dans une fraîche couronne, et ne laisser apparaître à ceux qui l'habitent que les régions supérieures où semblent régner l'incommensurable et l'inaccessible (1). »

De 1860 à 1863 M. Thuret revisa toutes ses Algues de Cherbourg, afin de répondre aux questions que lui adressait M. Le Jolis, engagé depuis un certain temps dans un travail sur les plantes marines de cette localité. Durant cette période, M. Thuret ne pouvait s'occuper de micrographie que d'une manière tout à fait intermittente. Le temps qu'il donnait à son jardin n'était pas la seule cause de ces interruptions. Aux accès d'asthme, qui étaient encore fréquents, quoiqu'ils le fussent moins qu'en Normandie, étaient venus s'ajouter des bourdonnements d'oreilles qui lui rendaient le travail assidu presque impossible. Il se rendit pourtant à Saint-Vaast en 1863, mais il put à peine commencer l'étude d'une question très-intéressante, la fécondation des Floridées, qui l'avait longtemps préoccupé, et qui venait de faire, nous semblait-il, un grand pas vers sa solution. Depuis que le mémoire de M. Nægeli sur les Céramiacées était parvenu à Antibes, c'est-à-dire pendant l'hiver 1862-1863, nous connaissions enfin un organe qui, selon toute apparence, était lié à la reproduction sexuelle des Floridées. Dans son mémoire, M. Nægeli avait décrit, sous le nom d'appareil trichophorique, un petit corps celluleux surmonté d'un poil, qui précède le développement du cystocarpe de plusieurs Céramiacées dont le fruit mûr présente une organisation différente. Ce que nous aperçûmes dans un premier examen nous laissa convaincus qu'un organe qui se montrait avec les mêmes caractères essentiels dans des genres assez éloignés d'ailleurs, était bien l'organe femelle des Floridées, si vainement cherché

(1) George Sand, *Lettres d'un voyageur* (*Revue des deux mondes*, livraison du 15 juillet 1868, p. 480).

jusqu'alors. Il fut dès lors arrêté que la première excursion maritime serait dévolue à l'étude approfondie de cet organe, et à la recherche des rapports qui s'établissent entre lui et les corpuscules issus des anthéridies. Ce projet ne put être exécuté que trois ans plus tard. Revenu très-souffrant à Antibes, M. Thuret fut pris, au commencement de 1864, d'une atroce maladie de peau qui le tint au lit pendant trois longs mois, complétement privé de l'usage des pieds et des mains. Grâce à l'habileté dévouée du docteur Gurney et à la sollicitude attentive d'un ami qui ne le quitta pas d'une heure, et de qui seul il voulait recevoir les soins que réclamaient sa maladie et son impuissance, il sortit enfin de tout péril. Cette maladie fut comme un effort de la nature pour rejeter au dehors les éléments morbides qui troublaient depuis tant d'années l'existence de M. Thuret. Les bourdonnements d'oreilles ne se firent plus sentir; l'asthme disparut entièrement et ne revint plus dans la suite, même pendant les séjours assez prolongés que nous fîmes plus tard au bord de l'Océan. En somme, après cette crise, la santé de M. Thuret fut beaucoup meilleure et plus régulière qu'elle n'était auparavant.

Il en profita le plus tôt possible pour achever les recherches si malheureusement interrompues. Nous retournâmes à Saint-Vaast en 1866, et, quelques jours après notre arrivée, nous constatâmes de la façon la plus nette la copulation des corpuscules mâles avec le poil de l'appareil trichophorique, preuve décisive du rôle que remplissent ces organes. La découverte de ce nouveau type de fécondation a comblé une lacune considérable de l'histoire des Algues. Elle a de plus définitivement résolu, en faveur du fruit capsulaire, la question jusqu'alors indécise de la prédominance théorique des tétraspores et du cystocarpe, et justifié la préférence que M. J. G. Agardh avait accordée à ce dernier fruit dans sa classification des Floridées.

Les années suivantes, M. Thuret visita Biarritz et Guéthary, dans le golfe de Gascogne, Saint-Malo, Vannes et le Croisic, sur les côtes de Bretagne. Les résultats obtenus dans ces excursions n'ayant pas été publiés, je mentionnerai quelques-uns des plus intéressants.

A Biarritz, où nous fîmes deux séjours, en 1868 et en 1870, nous eûmes l'occasion de suivre le développement du fruit de quelques rares Floridées, et d'étudier, au point de vue spécifique, les *Polysiphonia* et les *Gelidium*, dont les espèces sont nombreuses dans cette localité. Ce ne fut pas sans étonnement que nous recueillîmes deux *Polysiphonia* non encore signalés sur cette côte, quoiqu'ils y soient abondants, complétement identiques à des espèces rapportées d'Australie par Harvey. Les *Gelidium* nous réservaient une autre surprise. Personne n'avait remarqué que, dans une des formes les plus communes du *Gelidium corneum*, l'organisation du cystocarpe n'est pas la même que dans les formes voisines, et ne diffère en rien de celle qu'on attribue au genre australien *Pterocladia*.

Un des buts de l'excursion de Saint-Malo fut l'étude des Rivulariées. L'examen des échantillons d'herbier nous avait donné la conviction que la quantité considérable d'espèces décrites et figurées par M. Kützing se réduisent, en réalité, à un très-petit nombre de formes véritablement distinctes. Il s'agissait d'en avoir la confirmation sur le vivant. Nous l'eûmes pleine et entière. D'autre part, les recherches de l'aide de M. Thuret sur les gonidies des Lichens, en nous forçant à voir combien nous savions peu de chose sur la manière dont se reproduisent les Nostochinées, nous imposaient la tâche de faire une étude immédiate de cette question. Nous ne réussîmes pas aussi vite que nous l'avions espéré. Renvoyant toujours à la fin l'examen des *Calothrix* et des Rivulaires qui nous semblaient moins altérables que les autres Algues, nous laissions par cela même échapper le moment d'assister à la formation et à la dispersion des hormogonies. Ce fut seulement lorsque nous soumîmes à l'observation immédiate les Nostochinées fraîchement rapportées de la mer, que nous vîmes le contenu coloré des filaments de ces plantes se segmenter en tronçons qui sortent de la gaine, rampent dans l'eau comme les chapelets de Nostocs en voie de reproduction, se fixent, et ne tardent pas à s'accroître en un nouveau filament. Parfois la dissémination se fait en telle abondance et avec une telle activité, que nous eûmes quelque confusion de ne pas l'avoir aperçue plus tôt.

La vulgarité du *Dudresnaya coccinea* sur la côte de Saint-Malo nous permit de constater dans cette plante un mode de fécondation fort compliqué. La formation du fruit est précédée de trois copulations successives.

En allant au Croisic, M. Thuret avait l'intention de compléter par l'étude du *Rivularia bullata* ses observations sur la reproduction des Nostochinées marines. Il se proposait aussi d'achever des recherches commencées vingt ans auparavant sur le *Polyides rotundus*. — Le *Rivularia bullata* parcourt toute son évolution en trois ou quatre mois. Cette plante apparaît en juin, atteint son maximum de développement en juillet, août, et l'on n'en trouve plus que de très-rares exemplaires après le mois d'octobre. Il était évident qu'à l'un des moments qui précèdent cette disparition, devait se placer un procédé quelconque de reproduction. En suivant jour par jour cette Rivulaire, qui est très-commune sur les rochers élevés battus par le flot et que l'on peut atteindre à toute marée, M. Thuret vit que les filaments dont elle est formée se résolvent entièrement en hormogonies, qui se dispersent sur les corps environnants au moment où la mer est haute. Ces hormogonies se fixent, germent, et ne tardent pas à constituer une Rivulaire microscopique qui attend jusqu'à l'année suivante l'époque favorable à son développement. — Lorsqu'il avait étudié le *Polyides rotundus* à Cherbourg, M. Thuret avait remarqué une particularité assez curieuse dont il n'avait pas réussi à se rendre compte alors. Les anthéridies se montrent en septembre, et ce n'est que deux mois plus tard, en décembre et janvier, que les spongioles contiennent des fruits mûrs. L'explication de cette singularité réside dans ce fait que le *Polyides* est pourvu d'un appareil d'imprégnation entièrement semblable à celui des *Dudresnaya*. Une fois l'impulsion donnée à un petit nombre d'appareils trichophoriques par la soudure des corpuscules mâles avec le trichogyne, il naît de ces appareils un réseau de tubes fécondants qui rampent entre les filaments de la spongiole et déterminent l'accroissement d'un nombre indéfini de cellules femelles. Cette végétation dure pendant des semaines, aussi longtemps qu'il se forme de nouveaux fruits.

M Thuret se proposait de visiter Brest en 1874. Au moment de partir, il fut arrêté par l'apparition de quelques traces de la maladie dont il avait souffert dix ans auparavant. N'ayant pas la permission de marcher dans l'eau de mer, comme il le faisait d'habitude, il se rendit à Cherbourg avec l'intention de borner ses recherches aux plantes des quais et des fossés qu'il pouvait atteindre à pied sec. Entre autres observations nouvelles faites dans cette excursion, je citerai la reproduction par zoospores et la germination d'un *Monostroma* marin, reproduction et germination qui diffèrent nettement de celles des Ulves. Dans les Ulves, les zoospores sortent de la cellule où elles sont nées par une ouverture qui se fait dans une des parois latérales. Après leur sortie, la fronde est décolorée, mais le tissu celluleux qui la compose demeure entier sous l'apparence d'un réseau à mailles polygonales. Il n'en est pas ainsi dans les *Monostroma*. La substance intercellulaire qui lie les cellules se dissout, les cellules mères se désagrégent et sont complétement libres et flottantes quand les zoospores s'en échappent.

Il n'a guère été question jusqu'ici que des excursions maritimes faites par M. Thuret. C'est que, en effet, il s'attachait plus particulièrement à l'étude des plantes marines, qui ne sont facilement accessibles qu'à un petit nombre de naturalistes. Les Algues d'eau douce se trouvent partout et sont souvent l'objet de travaux de haute valeur. Mais, quoiqu'il ne leur donnât pas une aussi grande part de son temps, il était loin de les négliger. L'essai de classification des Nostochinées, qu'il rédigeait quelques semaines avant sa mort, le prouverait au besoin.

Afin de compléter l'énumération des travaux de M. Thuret, je mentionnerai encore deux opuscules qu'il a consacrés à l'examen de quelques détails, et qui sont, pour ce motif, de moindre importance pour la science en général. Dans une note sur la synonymie des *Ulva Lactuca* et *latissima* L., il montra que les auteurs récents appliquent le nom linnéen d'*U. Lactuca* à une espèce qui ne peut pas être celle de Linné. De cette attribution erronée résulte la conséquence inadmissible que Linné n'aurait pas connu l'Ulve la plus commune, la plus anciennement connue des Algues marines, et que, par contre, il aurait décrit une espèce beaucoup plus rare, que personne ne connaissait de son temps et que personne n'a connue après lui, jusqu'à ce qu'elle ait été retrouvée par Agardh et par Greville. A la fin de ce travail il donne la description d'un nouveau genre de la tribu des Ulvacées, le *Monostroma*.

La double fructification, qui est si fréquente chez les Floridées, est loin d'avoir été observée dans toutes les espèces. Il arrive parfois que celle-là fait défaut, qui est la plus importante dans le système de classification que l'on emploie. Pour opérer le classement des plantes imparfaitement connues, on se guide sur les analogies qu'elles offrent avec celles qui le sont mieux; mais la découverte du fruit manquant ne vient pas toujours confirmer les rapprochements qui semblaient les plus naturels et les mieux justifiés. C'est ce que M. Thuret, dans sa note sur un nouveau genre d'Algues de la famille des Floridées, a fait voir pour le *Griffithsia secundiflora*. Cette plante présente une si grande ressemblance de port avec les autres espèces de *Griffithsia*, elle s'en rapproche tellement par sa structure, par la disposition des tétraspores et des anthéridies, qu'il serait impossible de l'en séparer si l'on se bornait à l'étude de ces organes. Mais, au contraire, la réunion ne peut être maintenue si l'on examine le fruit capsulaire. M. Thuret eut donc à retirer le *G. secundiflora* du genre où on l'avait mis jusqu'alors, et il en fit le type d'un genre nouveau qu'il nomma *Bornetia*.

Il fit en outre, à la Société des sciences naturelles de Cherbourg, des communications sur la fructification du *Desmarestia viridis*, sur quelques Algues marines nouvelles, et sur les anthéridies d'une Hépatique, le *Fegatella conica*. Dans cette plante, M. Thuret vit que le contenu des anthéridies est projeté avec assez de force pour atteindre une hauteur de trois centimètres, et que le mouvement des anthérozoïdes pouvait se prolonger pendant deux jours, quand la température était peu élevée. Cette émission à distance du contenu des anthéridies rend moins difficile de comprendre comment les anthérozoïdes peuvent venir en contact avec les archégones dans une plante comme le *Fegatella*, où les conceptacles mâles et femelles se trouvent sur des frondes séparées.

Indépendamment des services que M. Thuret a rendus à la science des Algues par ses publications, il lui a été utile d'une manière indirecte, mais non moins efficace, en suscitant de bons travaux et en répandant l'esprit de méthode et d'observation rigoureuse qu'il possédait à un si haut degré. C'est sous son impulsion que M. A. Le Jolis, son ami et le compagnon de ses herborisations, a entrepris ses recherches sur les Laminaires, sur la nomenclature des Algues, sur les Ulves, et a publié sa liste des Algues marines de Cherbourg, excellent catalogue dont le mérite est hautement reconnu par ceux qui ont eu l'occasion d'en faire usage.

A diverses époques M. Thuret eut le plaisir de servir de guide à de jeunes botanistes étrangers qui vinrent l'entretenir de sujets relatifs aux Algues et lui demander ses conseils. M. L. Radlkofer, de Munich, est le premier en date. A l'époque où il vint à Cherbourg, M. Thuret, alors occupé de quelques recherches sur la parthénogenèse, put lui montrer les curieux résultats de la culture, dans une chambre close, de pieds femelles de *Mercurialis annua*. Les capsules qui nouent dans ces conditions sont surmontées de deux grands stigmates plumeux qui restent frais et semblent même continuer à croître jusqu'à la maturité. M. L. Kny, MM. Famintzin et Voronine, MM. Farlow, Janczewsky et Rostafinski, qui ont demeuré plusieurs semaines à Antibes, n'ont pas cessé de témoigner qu'ils conservent précieusement le souvenir des heures qu'ils ont passées dans l'intimité de M. Thuret (1).

(1) Voyez les articles nécrologiques sur M. Thuret, qui ont été publiés par M. Rostafinski dans le *Botanische Zeitung* du 30 juillet 1875, par M. le professeur L. Kny dans le *Flora* du 11 août 1875, et par M. le professeur V. G. Farlow dans le *Journal of Botany* de janvier 1876.

II

J'ai essayé de résumer, dans les pages précédentes, la vie et les travaux de M. Thuret; je voudrais indiquer maintenant quels étaient sa nature, son esprit, ses goûts, ses habitudes et ses méthodes de travail.

M. Thuret était de grande taille. Il avait les cheveux blonds et la barbe de même couleur. Sa tête était remarquablement développée; ses yeux, d'un bleu clair, étaient saillants et bien ouverts. La paupière inférieure présentait, à la base de l'orbite, un gonflement assez prononcé. Le regard était ferme et franc, ordinairement un peu voilé, mais s'animant vite sous l'influence des sentiments et des pensées qui se succédaient dans son esprit, et les reflétant avec vivacité. Lorsqu'on avait passé quelques heures avec M. Thuret, il n'était plus possible d'oublier ce regard si doux, si affable, et en même temps si intelligent, relevé parfois d'une pointe de bonhomie malicieuse. Mais il fallait du temps pour qu'on le vît sous son véritable jour. Avec des inconnus, son abord semblait froid et un peu hautain, ainsi qu'il arrive souvent aux personnes timides et très-réservées. Sa démarche, comme tous ses mouvements, était tranquille, mais sans lenteur. Ses manières étaient simples; de même aussi son langage et toutes ses habitudes. Nullement recherché dans sa mise, il avait pourtant de sa personne un soin attentif qui a fait dire de lui, dans une des chansons qui égayaient autrefois les herborisations de M. de Jussieu :

« Et, jusqu'à se crotter, il fait tout proprement. »

Sous plus d'un rapport son caractère rappelait celui de l'enfant. De l'enfant il avait la générosité, la confiance, la bonté naïve et spontanée. Par contre, il en avait aussi quelques-uns des travers. Mais quand ceux ci se montraient, ils étaient vite réprimés par la volonté de l'homme fait qui savait se connaître et se vaincre. Très-réservé, très-prudent, hésitant à prendre parti avant d'avoir pu rassembler et classer ses idées, M. Thuret n'avait la pleine possession de lui-même que chez lui et entouré de personnes connues. Il était sobre de paroles, s'exprimait clairement et facilement, et savait très-bien écouter. Sa conversation, jamais banale, montrait vite qu'il avait des connaissances aussi solides que variées, un rare jugement, une grande élévation de cœur et d'esprit, des sentiments délicats et raffinés, joints à beaucoup d'affabilité et à un fonds inépuisable de bienveillance. En dehors des sujets ordinaires de ses études, il s'entretenait de préférence des questions de méthode, d'esthétique, de morale, de religion et de philosophie politique.

Enclin par nature à accueillir avec sympathie les travaux d'autrui, il les appréciait généralement avec une grande bienveillance. Ils lui plaisaient surtout quand il était évident que l'auteur avait apporté à son œuvre le temps, le soin et la peine nécessaires. Et quand il rencontrait parfois « cette union d'une sagacité supérieure et d'une probité parfaite qui ne sont pas moins nécessaires l'une que l'autre au savant digne de ce nom » (1), il en éprouvait une véritable jouissance. Il avait au contraire une profonde aversion pour la négligence et l'inexactitude, et tenait pour certain que, dans les sciences, légèreté et défaut de conscience sont à peu près synonymes. « C'est une chose étrange, répétait-il avec M. L. de Viel-Castel (2), que l'infiniment petit nombre des hommes, même les plus sensés, les plus désintéressés, je ne dis pas qui pratiquent, mais qui comprennent le respect complet, absolu de la vérité, qui s'en rendent un compte bien exact. » Il en était presque douloureusement frappé, tant était haute l'idée qu'il se faisait de la science. « La science, cet instinct désintéressé, divin, qui, ne se ratta-

(1) Ch. de Rémusat, *Un musée chrétien à Rome* (*Revue des deux mondes*, livraison du 15 juin 1863, p. 876).

Lorsque, dans ses lectures, M. Thuret rencontrait une phrase, un passage qui exprimaient à son entière satisfaction ses propres opinions, il lui arrivait parfois de les transcrire dans un cahier intitulé : *Collectanea*, auquel il avait donné pour épigraphe : Τὰ ἄνω φρονεῖτε, μὴ τὰ ἐπὶ τῆς γῆς (Col. III, 2) : « Attachez-vous aux choses d'en haut, non à celles de la terre. » Cette citation, de même que celles qui sont faites plus loin, sont extraites de ce cahier.

(2) *L'esprit moderne dans l'histoire* (*Revue des deux mondes*, livraison du 15 décembre 1865, p. 1029).

chant à rien de charnel, à lui seul nous révélerait notre éclatante origine! la science, qui nous détache du monde extérieur, nous distrait de nous-mêmes, nous dégage des liens de la matière, et nous transporte, du milieu des réalités souillées, dans la pure atmosphère de l'*idée!* la science, un des attributs de la Divinité, un des traits de son empreinte dans l'homme (1). »

M. Thuret portait dans ses recherches et ses appréciations un esprit remarquablement dégagé de préoccupations théoriques. Sans doute il n'observait pas au hasard. Le choix des sujets d'étude, la manière de les aborder et de les mener à bien étaient déterminés par des hypothèses plus ou moins plausibles; mais il n'attachait à ces conceptions qu'une valeur purement provisoire, n'y voyait qu'un simple instrument de recherches qui devait être constamment modifié par les résultats de l'observation.

Quoiqu'il sût à merveille combien il est difficile de faire une bonne observation, de bien conduire une expérience, il trouvait plus difficile encore d'en apprécier exactement la portée. N'attribuer à chaque détail que sa valeur précise, ne tirer de l'ensemble que les seules conséquences qui en découlent naturellement, lui paraissait le grand obstacle à surmonter. C'est qu'en effet, « dans des sujets aussi complexes que le sont les phénomènes physiologiques, les causes d'erreur ne résident pas seulement dans la difficulté des expériences, mais elles ont leur source dans la trop grande facilité avec laquelle on cherche à généraliser une observation même bien faite et très-exacte » (2).

S'il admettait, avec Arago (3) que « la découverte d'un seul fait, bien décrit, bien apprécié, est incontestablement dans la science un pas en avant, tandis que des théories ingénieuses, séduisantes et accueillies avec un enthousiasme presque général, ont été fréquemment des pas en arrière », il ne repoussait

(1) Vinet, *Discours sur quelques sujets religieux*, 5e édition, p. 59.

(2) Claude Bernard, *Recherches expérimentales sur les nerfs du grand sympathique* (*Comptes rendus des séances de l'Académie des sciences*, 1862, t. LV, p. 231).

(3) *Astronomie populaire*, t. Ier, p. 461.

pourtant pas indistinctement et sans examen toutes les tentatives de généralisation, même un peu hâtives. Il suivait avec intérêt les hypothèses qui s'efforcent de relier les faits détachés, et qui prétendent à expliquer le monde où nous vivons. Mais il voulait que l'on donnât et que l'on prît ces hypothèses pour ce qu'elles valent. Il était convaincu que « des assertions tranchantes, là où le doute devrait accompagner chaque parole, nuisent essentiellement aux progrès des sciences » (1), et trouvait « qu'il est plus conforme à la raison d'attendre dans l'ignorance que d'accueillir une explication hypothétique à tout prix » (2). N'élevons pas la science à la hauteur du roman, disait-il en modifiant légèrement un mot connu, à un défenseur enthousiaste de théories un peu trop aventureuses.

Observateur consciencieux à l'extrême, il consacrait aux moindres détails les soins les plus minutieux. Il aimait à revenir fréquemment sur le même sujet, à vérifier les observations déjà faites, et ne se lassait pas de reprendre certaines expériences. Il craignait moins de n'avoir pas bien vu que d'avoir laissé échapper quelque détail important. Car, disait-il, il n'est pas malaisé de trouver ce qu'on cherche, mais il l'est beaucoup de remarquer ce qu'on ne cherche pas. Il avait aussi coutume de dire qu'on trouve tout ce qu'on cherche, entendant par là qu'on atteint toujours un but poursuivi avec ténacité, bien qu'il arrive souvent que le résultat ne soit pas celui qu'on avait prévu ou souhaité.

Toutes les branches de la botanique ne l'attiraient pas également. Celles où l'observation et l'expérience ne sont pas dominantes, chez lesquelles l'interprétation individuelle, les considérations théoriques, géométriques ont une part égale ou supérieure à l'observation même, ne satisfaisaient pas son esprit peu porté vers les choses abstraites. Les recherches physiologiques, la vie dans ses manifestations les plus intimes l'intéressaient avant tout. Mais, association assez rare parmi les

(1) Arago, *Œuvres completes*, t. IV : *Notice sur le tonnerre*, p. 286.

(2) Charles Secrétan, *La nouveauté metaphysique*, 2e article (*Revue chrétienne*, numéro du 5 octobre 1872, p. 607).

naturalistes, il avait en même temps un goût très-vif pour l'étude systématique et le classement des végétaux. Démêler sous des apparences souvent trompeuses les affinités réelles des plantes, constituer des groupes naturels bien limités, observer la série des modifications qu'un type, un appareil, un organe présentent dans un groupe végétal, étaient autant de points sur lesquels son attention était sans cesse portée, et qu'il jugeait dignes d'occuper les esprits les plus éminents. Aussi regrettait-il le discrédit immérité qui s'attache depuis quelques années aux travaux de pure classification. C'est qu'il ne voyait pas seulement dans les classifications un moyen plus ou moins commode de nommer une plante, mais en même temps un résumé de l'état de nos connaissances à un moment donné, et en quelque sorte la fin de la science. En effet, les classifications ne seront complètes et achevées que lorsque l'organisation, la biologie, les rapports multiples qui lient entre eux tous les êtres seront parfaitement connus.

Il n'était étranger à aucune des parties de la cryptogamie; mais ses préférences étaient pour les familles dont les types génériques sont variés, et qui nécessitent en outre l'étude de la plante vivante. La simple comparaison des organes tout faits, dont on s'est contenté jusqu'à présent dans certaines familles, n'avait pour lui aucun attrait. C'est pourquoi les Hépatiques lui plaisaient mieux que les Mousses, les Champignons plus que les Lichens. De là aussi sa prédilection pour les Algues, vaste assemblage de formes très-dissemblables, depuis les plus simples jusqu'aux plus compliquées, qu'on ne saurait bien connaître si on ne les observe pas vivantes; qui présentent en outre le double avantage qu'on ne les sort pas de leur milieu pour les soumettre à l'étude, et que chez elles les phénomènes vitaux, souvent directement observables, n'exigent pas ces dissections laborieuses qui les troublent presque toujours ailleurs dans une certaine mesure.

Quoique M. Thuret ait vu énormément et qu'il sût beaucoup de choses, il a relativement peu publié; aussi la majeure partie des résultats de son travail a-t-elle disparu avec lui. La recherche de la perfection poussée à un point peut-être excessif en est la principale cause. Cette exigence de son esprit ne lui aurait pas permis de publier des travaux d'ensemble où l'on est forcé d'aborder des sujets que l'on connaît peu ou mal. Il n'était à l'aise qu'en traitant une question spéciale qu'il pouvait limiter à son gré, de sorte que toutes les parties lui en fussent familières. Trouvant malaisé d'exprimer sa pensée avec précision, il écrivait lentement, péniblement, et prenait peu de notes. Lorsqu'il rédigeait un mémoire, il recommençait presque toujours au moment même ses observations antérieures, et ne décrivait les objets dont il parlait qu'en les ayant immédiatement sous les yeux.

Sachant bien que les longs mémoires ne sont pas lus, il s'efforçait de donner à ses publications la forme la plus brève possible, et il en retranchait à dessein tous les développements qui ne lui paraissaient pas absolument indispensables. Une observation mentionnée en quelques lignes lui avait souvent coûté plusieurs mois de recherches. Il se donnait beaucoup de peine pour bien lier ses idées, et pour les présenter sous une forme qui en rendît l'intelligence facile à un lecteur attentif. Son style, sobre et clair, comme ses planches, est un modèle d'exposition scientifique.

M. Thuret fut en relations avec presque tous les algologues et un grand nombre de botanistes de son temps; mais, à très-peu d'exceptions près, ces relations se bornèrent à l'échange de quelques lettres. Écrire était pour lui un fardeau qu'il ne soulevait ni volontiers ni fréquemment.

Dans sa jeunesse, M. Thuret s'était exercé au dessin et à la peinture. Il reçut en outre, à Lyon, quelques leçons de Saint-Jean, l'habile peintre de fleurs. Mais, quoiqu'il possédât un sentiment très-vif et très-juste de la forme et de la couleur, il n'arriva pas à vaincre une certaine lourdeur de main qui lui rendait l'exécution pénible et imparfaite. Cette exécution malaisée mise à part, il reproduisait les objets avec beaucoup de vérité. La planche 11 de ses *Recherches sur les organes locomoteurs des Algues*, les planches 17, 18, 19, 22 et 9 de ses

Recherches sur les zoospores des Algues et les anthéridies des Cryptogames, en sont la preuve.

Tous ceux qui ont étudié les Algues vivantes, les Algues marines surtout, savent que l'aspect et la disposition de la chromule se modifient rapidement sous le microscope. Souvent, après que la préparation a séjourné quelques minutes dans la goutte d'eau, la matière colorante commence à se déplacer, le contenu cellulaire se concentre; les cloisons, d'abord très-minces et à peine visibles, s'épaississent, les spores s'entourent d'un limbe transparent qui n'existait pas d'abord. M. Thuret était constamment en garde contre ces altérations, et, comme il tenait à représenter l'état normal des objets, il se procurait presque chaque jour des matériaux frais, et renouvelait fréquemment les préparations. C'est grâce à cette minutieuse attention que ses analyses d'Algues, quoique aussi claires que des figures schématiques, ont une apparence de vérité et de vie qu'on ne rencontre pas souvent ailleurs.

Lorsque M. Thuret se fut acquis le concours de M. Riocreux, il ne dessina plus que rarement. Il cessa même complétement de dessiner quand il eut un aide qui se chargea de ce soin. Mais il regrettait souvent d'avoir pris ce parti. La nécessité d'observer avec attention, pour les bien rendre, les plus petits détails des objets que l'on copie, apprend plus rapidement à les bien connaître, et il est certains phénomènes fugaces ou très-lents qui ne peuvent guère être aperçus pour la première fois, si l'on n'a pas le même objet sous les yeux pendant un certain temps.

Dès ses premières excursions au bord de l'Océan, M. Thuret s'était proposé de publier, sous le nom d'*Études phycologiques*, une série de planches in-folio destinées à illustrer les points les plus intéressants de l'histoire des Algues. Un grand nombre de dessins dus au pinceau de M. Riocreux ont été préparés dans ce but à Saint-Vaast, à Belle-Ile et à Cherbourg. De ces dessins ont été tirées les figures qui accompagnent le mémoire de M. Thuret sur les zoospores des Algues et les anthéridies des Cryptogames. En présence de la difficulté d'obtenir la reproduction de dessins aussi parfaits, et de l'extrême lenteur qui en était la conséquence, M. Thuret renonça depuis longtemps à continuer un ouvrage conçu sur le plan qu'il avait primitivement adopté. Bien qu'il eût en portefeuille des matériaux pour un nombre de planches plus considérable, il limita à cinquante le nombre de celles qu'il publierait dans les conditions premières. Quarante-deux sont déjà gravées; deux manquent encore pour qu'un premier fascicule de vingt-cinq soit rendu public.

Pour faire suite à ce recueil, M. Thuret commença, dans ces dernières années, la préparation d'une seconde série de planches plus simplement exécutées que les précédentes, et qu'on pouvait, par suite, obtenir beaucoup plus rapidement. Ces notes algologiques devaient être publiées sous les noms réunis de MM. Bornet et Thuret; mais, afin que la liberté et la responsabilité de chacun des collaborateurs fussent complètes, il avait été convenu que le texte accompagnant chaque planche serait signé par celui des deux qui l'aurait plus particulièrement rédigé. La première livraison des *Notes algologiques* paraîtra aussitôt que les articles que M. Thuret s'était réservé d'écrire auront pu être faits ou complétés par son collaborateur.

Il est regrettable que la difficulté de faire graver ses planches ait empêché M. Thuret de publier un grand nombre de dessins qu'il avait dans ses cartons. Si les graveurs habiles eussent été moins rares, et qu'il eût été facile d'obtenir dans un délai assez court la reproduction de ces dessins, nous aurions eu une belle suite de planches consacrées à l'illustration des *Cladophora*, des *Ectocarpus*, des *Callithamnion* et des *Polysiphonia*. Ces genres d'Algues, dont l'étude est difficile parce que les espèces qu'ils renferment sont nombreuses et très-voisines les unes des autres, avaient la préférence de M. Thuret, et il avait eu, à plusieurs reprises, l'intention d'en faire des monographies. Pour les *Ectocarpus*, le projet a reçu un commencement de réalisation; les principales espèces ont été représentées par M. Riocreux, par de charmants dessins que la lithographie, à défaut de la gravure, a été impuissante à rendre.

Les premières recherches de M. Thuret furent faites avec le

grand microscope de Ch. Chevalier. Plus tard, vers 1844, il lui substitua le microscope et les lentilles d'Oberhäuser, avec lesquelles il a travaillé presque exclusivement jusqu'à sa mort. Il est juste de faire remarquer quel habile parti M. Thuret a su immédiatement tirer de son instrument pour les observations les plus délicates. Les figures qu'il a jadis données des zoospores et des anthérozoïdes, du nombre et de la disposition des cils moteurs de ces corps, sont d'une si grande fidélité, que depuis trente ans on n'a vu ni mieux ni autrement, malgré les perfectionnements apportés aux instruments d'optique. C'est que M. Thuret était très-attentif à n'observer que dans de bonnes conditions, et qu'il avait méthodiquement, dès le début, déterminé les circonstances les plus favorables à l'obtention d'excellentes images. La manière d'éclairer le microscope était, selon lui, tout aussi importante que la qualité des lentilles, et il apportait à cet éclairage un soin tout particulier.

Il travaillait dans une chambre éclairée d'un seul côté, prenant jour sur le nord ou le nord-nord-est. Au moyen de rideaux, il atténuait la lumière générale jusqu'au point où il pouvait non-seulement voir très-aisément les objets dont il se servait, mais encore passer d'une pièce de l'appartement à l'autre sans que l'œil en éprouvât le moindre trouble. La table portant les microscopes était placée à trois ou quatre mètres de la fenêtre. Un écran vertical disposé en arrière des microscopes défendait les yeux contre la lumière directe. Enfin, il dirigeait le miroir sur un point du ciel rapproché autant que possible de l'horizon. Dans ces conditions les images acquièrent une pureté, une transparence, une netteté de contours qui ne sont pas faciles à obtenir autrement, semble-t-il; car M. Thuret est resté à peu près sans rival et n'a point été dépassé pour les observations microscopiques fines et délicates. — L'auteur d'un traité sur le microscope, H. Schacht, écrivait en 1852 à M. Thuret, qu'après avoir passé des journées à étudier les anthérozoïdes de diverses Muscinées, il était certain que ces anthérozoïdes n'ont pas deux cils, mais que le corps se termine par un prolongement flagelliforme unique. Schacht ajoutait qu'il employait une excellente lentille d'Oberhäuser, « la meilleure qui fût sortie des mains de cet habile opticien ». L'instrument étant le même de part et d'autre, les observateurs également exercés, le maniement de l'éclairage explique seul la différence des résultats.

Les préparations qu'il examinait étaient toujours exécutées avec soin et recommencées jusqu'à ce qu'elles fussent complétement satisfaisantes. Il se servait du microscope de dissection d'Oberhäuser, dont la stabilité, l'ampleur de champ, l'abondance de lumière, la longueur de foyer, la facilité avec laquelle on en modifie le grossissement, font, pour les Algues du moins, un instrument incomparable. Il employait peu le scalpel et préférait les aiguilles et les ciseaux, qui lui permettaient de préparer les objets dans l'eau et sous le microscope, ce dont il s'acquittait avec une grande sûreté de main.

M. Thuret s'occupait seul du rangement de l'herbier algologique ; il avait abandonné au conservateur de son herbier le soin des autres collections. Dans les recherches concernant les Algues, le travail était presque toujours fait en commun. En général, l'un de nous faisait un examen préparatoire de la question ou de l'objet à étudier, et, lorsqu'il avait rassemblé des matériaux suffisants, il les soumettait à son collaborateur. Si l'accord ne s'établissait pas immédiatement, si quelque point restait obscur ou indécis, on recommençait de nouvelles préparations que l'on examinait, et dont on discutait chaque détail jusqu'à ce que toute divergence sur le fait eût disparu. Puis, pendant que son aide dessinait les objets étudiés, M. Thuret revisait l'ensemble du travail, faisait les recherches littéraires, et disposait sur des lamelles de mica les objets qui venaient d'être examinés, afin de les avoir tout prêts pour des observations ultérieures.

En composant son herbier et sa bibliothèque, M. Thuret eut toujours en vue l'utilité immédiate. Il cédait rarement au simple désir de se compléter qui pousse les collectionneurs à s'encombrer de matériaux et de documents qui ne leur serviront jamais. Il savait trop bien que l'abondance des matériaux, quand elle dépasse une certaine mesure, gêne et ralentit le travail au lieu de le faciliter. Le fonds de son herbier est formé par ses propres récoltes, dont les exemplaires sont généralement très-beaux, et par des exsiccata dont il faisait l'acquisition lorsqu'ils pouvaient servir à ses études.

Son herbier algologique, qui comprend près de cent paquets volumineux, est surtout intéressant par le nombre et la beauté des échantillons récoltés sur les côtes de France. Chaque espèce est généralement représentée par une longue suite d'exemplaires pris à différents états. Convaincu que l'étude sur le vivant est encore la seule base sérieuse de la science des Algues, il s'attachait avant tout à bien connaître les plantes de nos côtes, et ne donnait qu'une faible et passagère attention aux Algues exotiques. Par le même motif, il faisait très-peu d'échanges. Aussi cet herbier est-il comparativement peu riche en Algues étrangères à la France, et surtout en Algues extra-européennes. La majeure partie de ces dernières provient du voyage de Harvey, et de l'herbier de Bory de Saint-Vincent, dont M. Thuret s'était rendu acquéreur. A l'herbier proprement dit s'ajoutent la plupart des exsiccata publiés, ainsi qu'une collection d'Algues dans l'alcool, comprenant plus de 700 numéros. Certaines Algues se conservent très-bien ainsi et fournissent à tout moment des matériaux d'étude comparables aux échantillons frais.

Après les Algues, ce sont les Lichens qui sont le mieux représentés parmi les Cryptogames. Les Lichens de Bory de Saint-Vincent qu'avait achetés M. Thuret constituent une collection nombreuse et intéressante de laquelle M. Nylander écrivait, en 1857, quelque temps après en avoir terminé l'examen : « Je viens d'arriver de Londres..... L'herbier de Kew n'est pas aussi riche en Lichens que celui de M. Thuret. » Il s'est, depuis, augmenté des *Lichenes Helvetici* de Schærer et Hepp, ainsi que de la collection de l'*Erbario crittogamico italiano*.

L'herbier phanérogamique se compose principalement de plantes de France et de la région méditerranéenne. Il renferme les collections de Huguenin, les exsiccata de Schultz et de Billot, les plantes d'Espagne de Bourgeau, diverses collections faites en Algérie, les plantes d'Orient de Balansa, l'*Herbarium normale* de Heldreich, les plantes de Sicile de Huet du Pavillon et de Todaro, celles de Corse par Soleirol, Mabille, etc. La plus grande partie des espèces exotiques qui ont fleuri dans le jardin d'Antibes ont été séchées et conservées.

Les plantes du département des Alpes-Maritimes constituent un herbier spécial. Quand M. Thuret et son aide arrivèrent dans le Midi, ils employèrent une partie de leurs loisirs à se familiariser avec la flore de la nouvelle région qu'ils habitaient. Ils firent, dans ce but, de fréquentes herborisations dans les environs d'Antibes et de Nice, presque toujours en compagnie de M. l'abbé Montolivo, qui avait une grande expérience de la contrée et de sa végétation. Ils parcoururent l'Esterel, les vallées du Var et de la Vésubie, et explorèrent à deux reprises les Alpes de Tende ainsi que le val Pesio, près de Coni. La liste des espèces ainsi recueillies entre 1858 et 1865 fournit à M. Ardoino les principaux éléments de sa *Flore des Alpes-Maritimes*. Grâce aux dons des botanistes qui ont parcouru le département depuis cette époque, la collection de M. Thuret a continué à s'enrichir d'un certain nombre de plantes nouvellement trouvées, et c'est probablement la plus complète qui existe en ce moment des végétaux de ce coin de la Provence, si riche et encore si peu connu.

La bibliothèque scientifique était destinée à répondre à un double but : l'étude des Algues et la détermination des plantes cultivées dans le jardin. Indépendamment des ouvrages fondamentaux qui forment le fonds de toute bibliothèque algologique, M. Thuret avait rassemblé une quantité considérable de brochures relatives aux Algues, de tirages à part, d'ouvrages de cryptogamie ou de botanique générale, qui contiennent des documents sur ces végétaux. Quant à la bibliothèque destinée à la phanérogamie horticole, elle comprend une série de grands ouvrages à planches qui, avec le *Prodromus* de De Candolle, les *Annales* et le *Repertorium* de Walpers, les Flores d'Australie et du cap de Bonne-Espérance, sont indispensables à l'étude des végétaux cultivés dans les jardins de la Provence.

M. Thuret n'avait pas seulement le goût des collections d'histoire naturelle, il avait aussi celui des autographes. Pendant quinze ans il en avait rassemblé une intéressante collection; mais lorsqu'il eut acquis la certitude que beaucoup de pièces fausses, presque impossibles à distinguer des documents authentiques étaient de plus en plus fréquemment mises en circulation, il vendit son cabinet, et ne conserva que les autographes de botanistes, dont les lettres, moins recherchées, ne tentent pas les faussaires. Cette dernière collection, qu'il m'a léguée avec ses livres et ses herbiers, contient des lettres de plusieurs centaines de botanistes. Parmi les pièces les plus anciennes et les plus belles, je citerai les autographes d'Aldrovandi, de Boerhaave, de Boccone, de Cæsalpin, de Clusius, de Dillen, de Plumier, de Tournefort, etc., etc.

M. Thuret était membre de la Société des sciences naturelles de Cherbourg (1852) et de la Société botanique de France (1854). Il fut nommé correspondant de l'Institut (Académie des sciences), le 9 juin 1857, par 26 voix contre 17 données à M. H. Lecoq, de Clermont-Ferrand. A un premier tour de scrutin M. Thuret n'avait obtenu qu'une voix de plus que son concurrent. Il était en outre correspondant de l'Académie des sciences de Berlin (1869); membre étranger de la Société Linnéenne de Londres (1869); membre honoraire de la Société botanique d'Édimbourg (1871); membre correspondant de la Société botanique des Pays-Bas (1874).

On sait que l'Institut décerne tous les deux ans « un prix de 20 000 francs, attribué tour à tour à l'œuvre ou à la découverte la plus propre à honorer ou à servir le pays, qui se sera produite pendant les dix dernières années dans l'ordre spécial des travaux que représente chacune des cinq Académies de l'Institut ». En 1865, M. Thuret fut l'un des candidats choisis par l'Académie des sciences. Deux autres concurrents, MM. Wurtz et Dupuy de Lome étaient en présence. Au premier tour de scrutin, les voix se partagèrent presque également; au second tour, M. Dupuy de Lome fut éliminé, mais il n'y eut point de majorité. Ce fut seulement au troisième tour, et d'une seule voix, que M. Wurtz l'emporta. En 1875 M. Thuret était encore, sans qu'il le sût, le candidat de la section de botanique, et paraissait devoir être celui de l'Académie des sciences tout entière. Nulle autre candidature n'étant opposée à la sienne, il est à peu près certain que l'Institut l'aurait élu à l'unanimité, s'il eût vécu quelques semaines de plus. C'eût été un juste honneur rendu à un homme « dont les travaux offrent un tel caractère d'exactitude et de précision qu'aucun n'a jamais été contesté » (1), qui est une des gloires de la science française, et dont le souvenir vivra aussi longtemps que les hommes s'intéresseront à l'histoire des végétaux.

M. Decaisne avait donné le nom de *Thuretia* à une belle et curieuse Floridée, dont les feuilles, semblables à celles de nos Chênes pour la forme et la grandeur, sont constituées par un élégant réseau à jour. Malheureusement M. J. Agardh a reconnu que le *Thuretia* ne diffère pas assez du genre *Dictyurus* établi antérieurement par Bory, et qu'il ne peut être maintenu.

III

Ne montrer en M. Thuret que le naturaliste serait le représenter d'une manière trop incomplète. Patriote ardent et esprit sincèrement religieux, il donnait une grande part de ses pensées à la France, à ses affaires, à ses destinées, en même temps qu'il suivait avec un vif intérêt le mouvement ecclésiastique et religieux dont les églises chrétiennes sont agitées depuis quelques années. Il portait dans ces deux sortes d'idées un esprit franchement libéral, plein de droiture, de clairvoyance et de modération; mais il était nettement hostile à tous les partis pris, à tous les excès, à tous les despotismes, « détestant également les orthodoxes en politique et les orthodoxes en religion, vrais sectaires qui ne connaissent plus ni équité ni morale lorsqu'il s'agit de leur dada favori, qui ne songent qu'à réaliser leurs

(1) Duchartre, *Journal de la Société centrale d'horticulture de France*, numéro de mai 1875, p. 270.

théories, et qui détruiraient la France et l'Église jusqu'au bout pour y parvenir. » (G. Thuret, *Lettres*.)

Ayant fait son éducation politique sous le gouvernement de Juillet, il s'était imbu des principes de la monarchie constitutionnelle, forme de gouvernement qu'il regardait comme la plus parfaite que les hommes eussent imaginée. Le soudain renversement de cette monarchie par ceux mêmes qui auraient dû en être les plus ardents défenseurs le troubla profondément. Il jugea qu'un peuple assez dépourvu d'esprit politique pour n'avoir pu supporter un régime où tout progrès, tout changement était possible par le jeu régulier des institutions, que dirigeaient un habile souverain et une réunion d'hommes aussi éminents qu'il y en eut jamais en aucun temps et en aucun pays, était désormais voué à l'anarchie et au despotisme. Les individus échappent souvent aux conséquences de leurs fautes ; les peuples, presque jamais. Bien loin de s'épuiser au moment même où les fautes se produisent, ces conséquences pèsent sur l'avenir pendant une longue série d'années et déterminent la suite des événements d'une manière presque fatale. M. Thuret vit donc se dérouler sans surprise, d'abord avec des appréhensions de plus en plus vives, puis dans de douloureuses et patriotiques angoisses, les événements qui se sont succédé depuis 1848, inquiet de l'avenir encore plus que du présent, et se demandant si un peuple aussi bien doué que le nôtre, qui possède de si sérieuses qualités, n'acquerra pas enfin celles dont il est trop dépourvu et sans lesquelles aucun gouvernement libéral et durable ne sera possible. Il ne désespérait pas cependant, persuadé qu'il était que l'inaptitude des Français à diriger eux-mêmes leurs affaires tient en grande partie à ce qu'on n'a guère cherché jusqu'à présent à faire leur éducation sur ce point. Voyez, disait-il, le peuple anglais. « Habitué à gérer toutes ses affaires intérieures par lui-même, il est bien plus prompt à comprendre les situations politiques que le peuple français, tenu en tutelle depuis des siècles par l'administration la plus absolue, la plus oppressive, la moins intelligente des droits des citoyens, qui ait jamais existé. Malgré la vivacité de ses conceptions, le bon sens natif dont elle est douée et dont sa littérature et son histoire offrent tant de preuves, la nation française, faute d'expérience pratique des affaires publiques, est d'autant plus facile à égarer et à jeter dans l'opposition, qu'en attaquant le gouvernement, elle croit prendre sa revanche sur les torts de l'administration despotique qui la blesse et l'exaspère dans tous les actes de sa vie politique et privée... (1) » « Par la liberté seule les hommes seront des hommes, des êtres susceptibles de vertu et de perfectionnement ; sans elle leur caractère se dégradera... Toutes les formes de gouvernement ne sont pas sans doute également propres à la liberté ; mais toutes peuvent en recevoir les premiers éléments, et contribuer ainsi, du moins pour un temps, à l'éducation des peuples... La science politique est encore trop incertaine... pour que le changement d'une forme contre une autre mérite d'être acheté au prix d'une révolution (2). » La direction qu'a suivie le cours de notre histoire, ces alternatives d'agitations, de licence et de dictature, la difficulté que nous éprouvons à faire notre apprentissage politique, tout cela M. Thuret l'attribuait sans hésiter au parti que la France a pris contre la Réforme du XVIe siècle. « Cette révolution religieuse était la forme de la liberté au sortir du moyen âge, et ceux qui n'ont pu conquérir cette liberté ont été jusqu'à ce jour impuissants à en établir une autre (3). »

M. Thuret avait reçu, par les soins de M. Ath. Coquerel père, une éducation religieuse forte et libérale. Il fut toute sa vie fermement attaché au christianisme et à la foi protestante. Plus que les autres formes du christianisme, le protestantisme lui paraissait propre à développer les côtés élevés de la nature humaine, à donner satisfaction à toutes les énergies, en permettant à chaque homme, ou plutôt en lui imposant l'obligation de chercher la vérité avec conscience, selon sa nature, son intelli-

(1) Ch. Al. Campan, *Troisième article sur William Pitt* (*Indépendance belge* du 16 septembre 1862).

(2) Sismondi, *Histoire des républiques italiennes* (introduct., post-scriptum).

(3) Edgar Quinet, *Marnix de Sainte-Aldegonde* (*Revue des deux mondes*, livraison du 1er juin 1854, p. 995).

gence et sa perception individuelle de l'idéal et de l'infini. La variété des croyances qui résulte du libre examen ne l'effrayait pas; il pensait au contraire que si l'union entre chrétiens est jamais possible, elle sortira de la diversité et non de l'uniformité des dogmes.

Il lisait avec assiduité la Bible, et plus particulièrement l'Évangile, « ce livre divin, le seul nécessaire à un chrétien, et le plus nécessaire de tous à quiconque même ne le serait pas, qui n'a besoin que d'être médité pour porter dans l'âme l'amour de son auteur et la volonté d'accomplir ses préceptes. Jamais la vertu n'a parlé un si doux langage; jamais la plus profonde sagesse ne s'est exprimée avec tant d'énergie et de simplicité. On n'en quitte point la lecture sans se sentir meilleur qu'auparavant (1). » Les écrits de Channing, certains passages des œuvres de J. J. Rousseau, et notamment les *Lettres écrites de la montagne*, expriment avec assez de fidélité la manière dont M. Thuret concevait le christianisme. L'extrait suivant, que je prends également dans ses *Collectanea*, a, sous ce rapport, presque la valeur d'une profession de foi.

« Nous reconnaissons l'autorité de Jésus-Christ parce que notre intelligence acquiesce à ses préceptes et nous en découvre la sublimité. Elle nous dit qu'il convient aux hommes de suivre ces préceptes, mais qu'il était au-dessus d'eux de les trouver. Nous admettons la révélation comme émanée de l'esprit de Dieu, sans en savoir la manière, et sans nous tourmenter pour la découvrir... Ainsi, reconnaissant dans l'Évangile l'autorité divine, nous croyons Jésus-Christ revêtu de cette autorité; nous reconnaissons une vertu plus qu'humaine dans sa conduite et une sagesse plus qu'humaine dans ses leçons. Voilà ce qui est bien décidé pour nous..... Nous admettons tous les enseignements qu'a donnés Jésus-Christ. L'utilité, la nécessité de la plupart de ces enseignements nous frappe, et nous tâchons de nous y conformer. Quelques-uns ne sont pas à notre portée;

(1) *Réponse de J. J. Rousseau au roi de Pologne sur la réfutation faite par ce prince de son Discours sur les sciences et les arts* (édit. Lefèvre, 1819, t. IV, p. 90).

ils ont été donnés sans doute pour des esprits plus intelligents que nous. Nous ne croyons pas avoir atteint les limites de la raison humaine, et les hommes plus pénétrants ont besoin de préceptes plus élevés.

» Beaucoup de choses dans l'Évangile passent notre raison et même la choquent; nous ne les rejetons pourtant pas. Convaincus de la faiblesse de notre entendement, nous savons respecter ce que nous ne pouvons concevoir, quand l'association de ce que nous concevons nous le fait juger supérieur à nos lumières. Tout ce qui nous est nécessaire à savoir pour être saints nous paraît clair dans l'Évangile; qu'avons-nous besoin d'entendre le reste (1)? »

Si, comme on le voit, il n'était pas disposé à nier tout ce qu'il ne pouvait expliquer ni comprendre, il ne consentait pourtant pas à admettre ce qui est contraire à la raison ou aux faits avérés. Mais chez lui, comme chez beaucoup de personnes, cette répugnance à prendre au pied de la lettre certains passages des Livres saints « n'avait rien de commun avec ce qu'on appelait autrefois le libertinage et les débauches d'esprit; elle provenait uniquement de la nécessité où est notre siècle d'accorder sa foi avec sa raison. Notre siècle ne recule pas devant l'extraordinaire, encore moins devant le divin; mais il recule devant l'impossible (2). »

Perpétuellement en garde contre l'esprit de parti, qui ne sait ou ne veut apercevoir qu'un côté des questions, il se faisait une obligation de se tenir au courant des opinions opposées, et l'on voyait sur sa table des livres et des journaux appartenant aux nuances les plus diverses. Sachant bien « qu'en religion, comme en tout le reste, l'absolu ne convient pas à la nature humaine, et que les plus conséquents ne sont pas toujours les plus raisonnables » (3), il ne s'était inféodé à aucun système théologique.

(1) J.-J. Rousseau, *Lettres écrites de la Montagne*, première partie, lettre Ire (édit. Lefèvre, 1820, t. X, p. 191 et suiv.).

(2) Émile Burnouf, *la Science des religions* (*Revue des deux mondes*, livraison du 1er décembre 1864, p. 513).

(3) C. de Rémusat, *De la théologie critique* (*Revue des deux mondes*, livraison du 1er janvier 1862, p. 110).

Les affirmations dogmatiques lui étaient d'autant plus suspectes qu'elles se montraient plus nettes et plus tranchantes. Il leur reprochait d'engendrer « la confiance présomptueuse dans nos propres idées et l'intolérance envers les idées des autres, deux des plus dangereuses maladies de l'intelligence et de la société humaines (1). » Les spéculations audacieuses des théologiens lui semblaient bien souvent blasphématoires. « Telle était pour lui la hauteur, et pour ainsi dire la délicatesse de la vérité de Dieu, que le langage humain n'y peut toucher sans la blesser par quelque endroit (2). » Il ne croyait pas qu'il fût besoin de métaphysique aussi subtile pour porter l'esprit et le cœur vers les choses élevées, pour développer la conscience, le sens moral, l'effort vers le bien et le vrai, la pratique du devoir et de la charité. « Faut-il être si savant pour savoir aimer Dieu et pour se renoncer pour l'amour de lui? Vous savez beaucoup plus de bien que vous n'en faites. Vous avez beaucoup moins besoin d'acquérir de nouvelles lumières que de mettre en pratique celles que vous avez déjà reçues (3). »

Il ne faisait pas grand état de la nature humaine. Avoir à lutter sans cesse et péniblement contre ses tendances égoïstes, se sentir impuissant à faire ce qu'on approuve, tandis que l'on fait ce que l'on condamne, lui paraissait profondément humiliant. Aussi les sermonnaires et les moralistes qui présentent le tableau le moins flatteur du cœur humain, étaient ceux qu'il goûtait le plus. Ce sentiment d'humilité non affectée était d'autant plus remarquable que le penchant au bien semblait une disposition instinctive chez M. Thuret, tant il le faisait simplement et spontanément.

M. Thuret ne séparait pas la pratique de la théorie. Possesseur d'une large aisance, il faisait le plus noble usage de sa fortune. Il vivait d'une manière simple et retirée, mais sans

(1) Guizot, *Méditations sur l'état actuel de la religion chrétienne*, n° 7, p. 337.

(2) Bossuet, *Avertissements aux protestants, sixième et dernier avertissement*, première partie, XXXVIII.

(3) Fénelon, *Lettres spirituelles*, édition de Silvestre de Sacy, t. Ier, p. 408, lettre LXXII.

austérité, consacrant à ses travaux une grande part de son revenu. Il donnait beaucoup, était charitable avec discernement, généreux sans prodigalité, et se préoccupait sans cesse de procurer à ceux qui l'entouraient le bien-être et la sécurité. Non-seulement il contribuait largement à soulager les misères apparentes et publiques, mais il était toujours prêt à venir en aide à toute infortune qui arrivait à sa connaissance. Il était heureux de faire le bien. « Il semble », disait une personne charitable qui s'adressait quelquefois à M. Thuret pour en obtenir le concours, « il semble que ce soit un service que nous lui rendons en appelant son attention sur une bonne œuvre à faire, et qu'il soit notre obligé. » Je pourrais citer plus d'un trait de générosité, plus d'un secours dont l'origine n'a pas été connue de celui qui en a été l'objet; mais la réserve et le silence dont M. Thuret entourait ses dons ne me permettent pas d'insister. Pour moi toutefois qui ai plus que personne éprouvé les effets de la munificence de M. Thuret, je ne saurais hésiter à en témoigner hautement, et je ne puis lui être assez reconnaissant de la grâce délicate avec laquelle il savait présenter et faire agréer ses bienfaits.

Quoique M. Thuret ait en grande partie échappé aux aspérités de l'existence humaine et qu'il pût être compté au nombre des heureux de la terre, il ne tenait pas à la vie. Que de fois il souhaita d'être retiré d'un monde où sa nature était trop souvent froissée! Il n'était ni pessimiste ni d'humeur chagrine, mais il possédait à un haut degré cette sensibilité inquiète qui prévoit et multiplie les douleurs auxquelles tout homme est sujet. Faut-il croire cependant qu'une vie si complétement consacrée au travail et au devoir, si sainte, pourrais-je dire, n'ait pas été sans douceur? Le passage suivant, que M. Thuret a transcrit dans ses *Collectanea* quelques jours seulement avant sa mort, s'applique si bien à lui-même, qu'il semble être l'affirmation d'une expérience personnelle. « Je pensais maintenant que le seul moyen d'atteindre le bonheur, c'est de n'en pas faire le but de l'existence. Ceux-là seuls sont heureux qui ont l'esprit tendu vers quelque autre objet que leur propre bonheur, vers le bonheur d'autrui, le progrès de l'humanité, quelque fin idéale et désintéressée... Pour être heureux, il faut s'oublier. Cette préoccupation de son propre bonheur, cette analyse inquiète qui le fouille, le pèse, le met constamment en question, ce souci débilitant de soi-même, qui n'est au fond que de l'égoïsme, aboutissent à l'impuissance et au rongement. S'oublier, renoncer à soi, se donner à quelque but élevé, perdre sa vie, par exemple, au service de la vérité, de la justice, de l'humanité, c'est le moyen de trouver spontanément le bonheur, de le respirer simplement comme l'air (1). »

Je n'ajouterai rien à ces paroles. Qu'il me soit seulement permis d'exprimer ici toute ma reconnaissance pour les témoignages de regrets et de sympathie que j'ai reçus à l'occasion de l'événement funeste qui m'òtait le meilleur des amis, qui frappait d'une manière non moins cruelle sa famille, dont il était aimé tendrement, et qui a été ressenti par les habitants d'Antibes à l'égal d'une calamité publique (2).

LISTE

DES PUBLICATIONS SCIENTIFIQUES DE M. G. THURET.

Note sur l'anthère du *Chara* et les animalcules qu'elle renferme. Broch. in-8°, 8 pages, 4 planches (extrait des *Annales des sciences naturelles*, 2e série, 1840, t. XIV, p. 65, pl. 3-8).

Recherches sur les organes locomoteurs des spores des Algues. Broch. in-8°, p. 266-267, 6 planches en partie coloriées (*ibid.*, 2e série, 1843, t. XIX, p. 266, pl. 10-15).

Note sur le mode de reproduction du *Nostoc verrucosum*. Broch. in-8°, p. 319-323, 1 planche (*ibid.*, 3e série, 1844, t. II, pl. 9).

(1) John Stuart Mill, cité par M. L. Rey, *Revue chrétienne*, livraison du 5 avril 1875, p. 215.

(2) Parmi les formes souvent touchantes qu'a revêtues l'expression des regrets causés dans la population d'Antibes par la mort de M. Thuret, il en est une qui mérite vraiment d'être conservée. Le jardin de M. Thuret était le refuge d'une quantité de rossignols qui nichaient dans ses buissons. Une paysanne passant sur le chemin entendit chanter un de ces oiseaux : *Vaï, canto! canto!* lui dit-elle, *maï t'entendé plu* (Va ! tu peux chanter et chanter, il n'est plus là pour t'entendre).

Recherches sur les anthéridies et les spores de quelques *Fucus*, par MM. J. Decaisne et G. Thuret. Broch. in-8°, 10 pages, 2 planches (*ibid.*, 3e série, 1845, t. III, p. 5-15, pl. 1-2). — (Présentées à l'Académie des sciences, séance du 11 novembre 1844.)

Note sur les zoospores des Algues. Broch. in-12, 7 pages (extrait du tome XIII, n° 11 des *Bulletins de l'Académie royale de Belgique*, 1846).

Note sur les zoospores des Algues olivacées. Broch. in-12, 7 pages (*ibid.*, t. XV, n° 2, 1847).

Note sur les anthéridies des Fougères. Broch. in-8°, p. 5-11, 4 planches en partie coloriées (extrait des *Annales des sciences naturelles*, 3e série, 1849, t. XI, p. 5-11, pl. 2-5).

Recherches sur les zoospores des Algues et les anthéridies des Cryptogames. Broch. in-8°, 93 pages, pl. 16-31 et pl. 1-5 (*ibid.*, 3e série, 1850, t. XIV, p. 214, pl. 16-31 ; et 3e série, 1851, t. XVI, p. 5-39, pl. 1-15).

Note sur la fécondation des Fucacées (*Comptes rendus des séances de l'Académie des sciences*, t. XXVI, p. 745, séance du 25 avril 1853). Broch. in-8°, 9 pages (extrait des *Mémoires de la Société des sciences naturelles de Cherbourg*, 1853, t. I, p. 161).

Sur la fructification du *Desmarestia viridis* (*ibid.*, p. 343).

Note sur la synonymie des *Ulva Lactuca* et *latissima* L., suivie de quelques remarques sur la tribu des Ulvacées. Broch. in-8°, 16 pages (*ibid.* 1854, t. II, p. 17).

Description d'Algues nouvelles découvertes aux environs de Cherbourg (*ibid.*, p. 387).

Note sur un nouveau genre d'Algues de la famille des Floridées. Broch. in-8°, 8 pages, 2 planches (*ibid.* 1855, t. III, p. 155).

Recherches sur la fécondation des Fucacées et les anthéridies des Algues. Broch. in-8°, 1re partie, 22 pages, 4 planches ; 2e partie, p. 23-46, 3 planches (extrait des *Annales des sciences naturelles*, 4e série, 1855, t. II, p. 197-214, pl. 12-15 ; et t. III, p. 5-28, pl. 2-4).

Sur les anthéridies du *Fegatella conica* (*Mémoires de la Société des sciences naturelles de Cherbourg*, 1856, t. IV, p. 216).

Deuxième note sur la fécondation des Fucacées. Broch. in-8°, 15 pages, 1 planche (*ibid.* 1857, t. V, p. 1).

Observation sur la reproduction de quelques Nostochinées. Broch. in-8°, 16 pages, 3 planches (*ibid.*, p. 19).

Note sur la fécondation des Floridées, par MM. Ed. Bornet et G. Thuret. Broch. in-8°, p. 257-262 (*ibid.* 1866, t. XII, p. 257-262). — (Présentée à l'Académie des sciences, séance du 10 septembre 1866.)

Recherches sur la fécondation des Floridées. Broch. in-8°, 32 pages, 3 planches (extrait des *Annales des sciences naturelles*, 5e série, 1867, t. VII, p. 136-166, pl. 11-13).

Essai de classification des Nostochinées. Broch. in-8°, 11 pages (*ibid.*, 6ᵉ série, t. I, p. 372-382).

En préparation :

Études phycologiques, 50 planches in-folio gravées sur cuivre.

Notes algologiques, par MM. Ed. Bornet et G. Thuret.

PARIS. — IMPRIMERIE DE E. MARTINET, RUE MIGNON, 2

PARIS. — IMPRIMERIE DE E. MARTINET, RUE MIGNON, 2

www.ingramcontent.com/pod-product-compliance
Ingram Content Group UK Ltd.
Pitfield, Milton Keynes, MK11 3LW, UK
UKHW031954260826
14628UKWH00005B/2053

9 782013 093484